Zaïre,: Tragedie En Cinq Actes,

Voltaire, A Gombert

Nabu Public Domain Reprints:

You are holding a reproduction of an original work published before 1923 that is in the public domain in the United States of America, and possibly other countries. You may freely copy and distribute this work as no entity (individual or corporate) has a copyright on the body of the work. This book may contain prior copyright references, and library stamps (as most of these works were scanned from library copies). These have been scanned and retained as part of the historical artifact.

This book may have occasional imperfections such as missing or blurred pages, poor pictures, errant marks, etc. that were either part of the original artifact, or were introduced by the scanning process. We believe this work is culturally important, and despite the imperfections, have elected to bring it back into print as part of our continuing commitment to the preservation of printed works worldwide. We appreciate your understanding of the imperfections in the preservation process, and hope you enjoy this valuable book.

C.T. Irwin

THE FRENCH DRAMA.

ZAÏRE,

TRAGEDIE EN CINQ ACTES,

PAR VOLTAIRE.

BEING THE THIRTY-SECOND OF A SELECTION OF THE MOST

APPROVED PLAYS,

ILLUSTRATED BY ARGUMENTS IN ENGLISH, AT THE HEAD OF EACH SCENE.

WITH NOTES,

Critical and Explanatory.

FOR THE USE OF SCHOOLS AND PRIVATE STUDENTS.

BY A. GOMBERT.

LONDON:

PRINTED FOR JOHN SOUTER, AT THE SCHOOL LIBRARY, 131, FLEET STREET.

1838.

INTRODUCTION.

More than one chivalrous host had raised the banners of the cross against the pagan occupants of Palestine. The disorderly multitude of the Hermit had been swept away by treachery, want of discipline, and the sword; the sacred city had been won and lost, and a Richard and a Saladin had performed those deeds which now immortalize their names. The period of time in which the scene of this tragedy is laid, dates subsequent to these signal occurrences,—it is founded on history, but is embellished by the license of fiction. —Lusignan, a near descendant of the famous Gui de Lusignan, is here represented as having been surprised and made prisoner in Cesarea by the predecessor of Orosman, the inheritor of the throne and the virtues of the great Saladin. At the capture of Cesarea, the infant daughter and son of Lusignan had been carried off to Jerusalem, and Lusignan himself consigned to the horrors of a dungeon. In this tragedy, the poet has begun with exhibiting the most amiable couple, which similar inclinations of the heart and the same dignifying qualities of soul could attach to each other by sympathetic ties. On the one hand a Saracen prince, full of sensibility, nobleness, and sincerity—to whom the full stream of generosity, honor, and virtue had flowed in undiminished strength—like Saladin he soars above the prejudices of his nation and even those of his religion, since he deems it a duty to be merciful and generous towards the Christians, his most determined foes. On the other hand, a youthful female, a captive at once tender, gentle, and artless, who, inspired with the sentiments of true modesty and virtue, preserves in all the force of her attachment that just pride which is one of the brightest honors of her sex.

If Orosman will live for glory and for Zaïre alone, yet Zaïre, prefers to obey the dictates of filial and fraternal love rather than listen to the enthralling aspirations of her affection for Orosman—whose jealousy in its rise, progress, and termination, is so unhappily excited, and so beautifully developed by the unrivalled art of the dramatist. The singular beauty of this character, the progression of interest upheld and augmented to the closing catastrophe—the combination of the most powerful emotions which nature and the passions can excite, and the unvarying truth of the sentiments, render this piece eminently tragic. The untutored and the learned are alike moved to tears. When Orosman believes Zaïre faithless, he is a prey to the fury of passions which raise an alternate tumult in his soul—he doats upon, he idolizes Zaïre, and he is an Eastern monarch accustomed to have no opposition to his wishes. Thus love and pride harass him with all their torments. Then nothing consoles him—all is suffering, all convulsion in that tender but proud soul. Zaïre, whom he adored, is no longer worthy of him—she is debased in his sight—she is false and perfidious. He believed himself loved, he mourns over an illusion which was so dear to him—he can no longer be animated but by the desire of vengeance. This idea is dominant within him, but it is strongly combated by a love, which he can neither conquer nor cherish—he at length gives way to the phrensy of grief, rage, and despair. After having deprived himself by a sanguinary deed of that loved object whom he thought so guilty, he learns that she was innocent. Then it is no longer Zaïre whom he accuses—it is no longer Zaïre whom he must punish—it is himself on whom his abhorrence and vengeance must fall; he exclaims, '*J'étais aimé.* Poignant regret, heart-rending remorse follow the harrowing thought. Death is now his refuge—he was beloved, he knows it, and he dies by the same hand that had shed the innocent blood of Zaïre. This tragedy, like that of Alzire, abounds with many truly Christian and moral sentiments.

PERSONNAGES.

OROSMANE, *soudan de Jérusalem.*
LUSIGNAN, *prince du sang des rois de Jérusalem.*
ZAIRE,
FATIME, } *esclaves du soudan.*
NERESTAN,
CHATILLON, } *chevaliers français.*
CORASMIN,
MELEDOR, } *officiers du soudan.*
UN ESCLAVE.
SUITE.

(*La scène est au sérail de Jérusalem.*)

ZAIRE,

TRAGEDIE.

ACTE PREMIER.

SCENE I.

ARGUMENT.

Zaïre, the daughter of a Christian prince, who had been surprised and taken prisoner in Cesarea, which city had become a prey to all the horrors of fire and sword, was yet an infant in the cradle when this disaster took place. With a brother, yet but a child in the tenderest years, she was dragged from the burning city to become a captive in the Sultan's court; and her father was placed in the cruelest bonds in the darkness of a dungeon. In the course of several years Zaïre had become habituated to the isolation in which she was maintained, and had almost ceased to discourse of her native land, for she had quitted it too young to carry in her imagination all its pictured charms. Orosman, the sultan, had conceived for the fair captive a sincere and pure affection. Nerestan, such was her brother's name, who had been brought away from Cesarea with her in his childhood, had been either permitted to leave Jerusalem, or he had escaped—he had fought against the Saracens—he was captured but had been permitted two years before, to repair to his country upon a verbal promise to return, when the purport of his visit had been consummated. This valorous knight, whom Zaïre knew not to be her brother, had oft enjoyed converse with her;—they were natives of the same happy land, oft the theme of their contemplation and the pleasing subject of their fond discourse. They were knitted to each other by some tenderer sympathy than the speaking the same language, and belonging to the same country naturally produce. It was the tie of consanguinity, which undefinably and unknown to them, was not the less powerful for being unperceived,

Fatime now recals to the thoughts of Zaïre, this champion of the Cross, who had at his departure bound himself to return and ransom ten Christian knights, but Zaïre pleads in excuse for his delay circumstances which were beyond his control, and she now confides to Fatime the secret of Orosman's attachment to her. Fatime, in raising her voice to heaven for the felicity of Zaïre, adverts to the difference of her religion with that of the sultan.—The Christian symbol, a holy cross, had been found upon Zaïre, when a child. This evidence that she was born a Christian is combated by Zaïre by reasoning that flatters a passion, which now exerts its sway upon her soul; yet she still preserves and cherishes that cross with veneration and respect, and the beautiful and sublime doctrines of Christianity in which she had received many a lesson from Nerestan, are the object of her admiration. She owns her weakness, but she is filled with raptures that Orosman loves her—she loves him in return, she dwells upon his merits.—He comes to meet the full tide of her affection

ZAIRE, FATIME.

Fatime. Je ne m'attendais pas,[a] jeune et belle Zaïre,
Aux nouveaux sentimens que ce lieu vous inspire.
Quel espoir si flatteur, ou quels heureux destins
De vos jour *ténébreux*[b] ont fait des jours sereins?
La paix de votre cœur augmente avec vos charmes;
Cet *éclat*[c] de vos yeux n'est plus *terni*[d] de larmes:
Vous ne les tournez plus[e] vers ces heureux climats
Où ce brave Français *devait*[f] guider vos pas!
Vous ne me parlez plus de ces belles contrées
Où d'un peuple poli les femmes adorées
Reçoivent cet *encens*[g] que l'on doit à vos yeux;
Compagnes d'un époux et reines en tous lieux,
Libres sans déshonneur, et sages sans contrainte,
Et ne *devant*[h] jamais leurs vertus à la crainte
Ne soupirez-vous plus pour cette liberté?
Le sérail d'un soudan, sa triste austérité,

---

a I did not expect (s'attendre aux nouveaux sentimens—to look for, to expect, to be prepared for).—*b* of darkness.—*c* splendor.—*d* tarnished.—*e* you no longer direct them.—*f* was to.—*g* flattery.—*h* owing (being indebted for).

Ce nom d'esclave enfin, n'ont-ils rien *qui vous gêne?*ⁱ
Préférez-vous Solyme aux *rives*ʲ de la Seine?

Zaïre. On ne peut désirer ce qu'on ne connaît pas
Sur le bord du Jourdain le Ciel fixa nos pas.
Au sérail des soudans *dès l'enfance*ᵏ enfermée,
Chaque jour ma raison s'y voit accoutumée.
Le reste de la terre *anéanti*ˡ pour moi
M'abandonne au soudan qui nous tient sous sa loi;
Je *ne connais que lui,*ᵐ sa gloire, sa puissance;
Vivre sous Orosmane est ma seule espérance;
Le reste est un *vain songe.*ⁿ

Fatime.   Avez-vous oublié
Ce généreux Français dont la tendre amitié
Nous promit si souvent de rompre notre chaîne?
Combien nous admirions son audace hautaine!
Quelle gloire il acquit dans ces tristes combats
Perdus par les chrétiens sous les murs de Damas?
Orosmane vainqueur, admirant son courage,
La laissa *sur sa foi*ᵒ partir de ce *rivage.*ᵖ
Nous l'attendons encor; sa générosité
*Devait*ᑫ payer le prix de notre liberté.
N'en aurions-nous conçu qu'une vaine espérance?

Zaïre. Peut-être sa promesse a passé sa puissance;
Depuis plus de deux ans il n'est point revenu.
Un étranger, Fatime, un captif inconnu,
Promet beaucoup, *tient peu,*ʳ permet à son courage
Des sermens indiscrets pour sortir d'esclavage.
Il devait délivrer dix chevaliers chrétiens,
Venir *rompre leurs fers,*ˢ et reprendre *les siens:*ᵗ
J'admirai trop en lui cet inutile zèle;
Il n'y faut plus penser.

---

i which annoys you.—*j* banks.—*k* from childhood.—*l* annihilated.—
m know none but him.—*n* empty dream.—*o* on the pledge of his faith.—
p shore.—*q* was to.—*r* performs but little.—*s* break their bonds.—*t* his
countrymen.

Fatime.   Mais, s'il était fidèle,
S'il revenait enfin *dégager ses sermens*,[u]
Ne voudriez-vous pas...?
    Zaïre.   Fatime, il n'est plus temps.
Tout est changé....
    Fatime.   Comment? que *prétendez-vous dire?*[v]
    Zaïre. Va, c'est trop *te celer*[w] le destin de Zaïre;
Le secret du soudan doit encor *se cacher*;[x]
Mais mon cœur dans le tien se plaît *à s'épancher*.[y]
Depuis près de trois mois qu'avec d'autres captives
On te fit du Jourdain abandonner les rives,
Le Ciel, pour terminer les malheurs de nos jours,
D'une main plus puissante a choisi le secours.
Ce superbe Orosmane....
    Fatime.   Eh bien?
    Zaïre.   Ce soudan même,
Ce vainqueur des chrétiens...chère Fatime...il m'aime..
Tu rougis...je t'entends...*garde-toi*[z] de penser
Qu'à *briguer*[a] ses soupirs je puisse *m'abaisser*,[b]
Que d'un maître absolu la superbe tendresse
M'offre l'honneur honteux du rang de sa maîtresse,
Et que *j'essuie*[c] enfin *l'outrage*[d] et le danger
Du malheureux *éclat*[e] d'un amour *passager*,[f]
Cette *fierté*[g] qu'en nous soutient la modestie,
Dans mon cœur à ce point *ne s'est pas démentie*,[h]
Plutôt que jusque-là j'abaisse mon orgueil,
Je verrais sans pâlir les *fers et le cercueil*.[i]
Je m'en vais[j] t'étonner: son superbe courage
A mes faibles *appas*[k] présente un pur hommage;

---

[u] redeem his sacred pledge.—[v] what do you mean to assert.—[w] concealing from you.—[x] be kept.—[y] to overflow.—[z] beware.—[a] canvass for (solicit).—[b] lower myself.—[c] experience.—[d] insult.—[e] burst.—[f] transitory.—[g] pride.—[h] has not belied itself.—[i] bonds and my coffin.—[j] am going.—[k] charms.

SCENE I.] ZAIRE. 5

Parmi tous ces objets à lui plaire *empressés*¹
J'ai fixé ses regards à moi seule adressés;
Et l'hymen, confondant leurs intrigues fatales,
Me soumettra bientôt son cœur et mes rivales.
   Fatime. Vos appas, vos vertus, sont dignes de ce
           prix;
Mon cœur en est flatté plus qu'il n'en est surpris.
Que vos félicités, *s'il se peut,*ᵐ soient parfaites!
Je me vois à ce prix *au rang*ⁿ de vos sujettes
   Zaïre. Sois toujours mon égale, et goûte mon bon-
           heur:
*Avec toi partage*ᵒ je sens mieux *sa*ᵖ douceur.
   Fatime. Hélas! puisse le Ciel souffrir cet hyménée!
Puisse cette grandeur qui vous est destinée,
Qu'on nomme si souvent du faux nom de bonheur,
Ne point laisser le trouble *au fond*ᑫ de votre cœur!
N'est-il point en secret *de frein*ʳ qui vous retienne?
*Ne vous souvient-il plus*ˢ ¹ que vous fûtes chrétienne?
   Zaïre. Ah! que dis-tu? pourquoi *rappeler mes ennuis?*ᵗ
Chère Fatime, hélas! sais-je ce que je suis?
Le Ciel m'a-t-il jamais permis de me connaître?
Ne m'a-t-il pas caché le sang qui *m'a fait naître?*ᵘ
   Fatime. Nérestan, qui naquit non loin de ce séjour,
Vous dit que d'un chrétien vous reçûtes *le jour;*ᵛ

―――

l that have hastened.—*m* if it be possible.—*n* in the number.—*o* if it be shared with thee.—*p* its.—*q* in the depth.—*r* any curb.—*s* do you no longer recollect.—*t* recal my sorrows.—*u* has given me being.—*v* existence.

―――

1 ..... *que vous fûtes chrétienne.*—Fatime reminds Zaïre that she has been born a Christian, and that she still wears upon her a cross, the symbol of the religion of her forefathers—that a French knight named Nerestan has promised to return and pay her ransom. Zaïre replies that she was brought up in the Mahometan creed, and that Nerestan, who during two years had not fulfilled his promise, is perhaps unable to fulfil it.

Que dis-je? cette croix qui sur vous fut trouvée,
Parure^w de l'enfance, avec soin conservée,
Ce signe des chrétiens que l'art *dérobe aux*^x yeux
Sous le brillant *éclat*^y d'un *travail*^z précieux,
Cette croix, dont cent fois mes soins vous ont parée
Peut-être entre vos mains est-elle demeurée
Comme un *gage*^a secret de la fidélité
Que vous deviez au dieu que vous avez quitté.
  Zaire. Je n'ai point d'autre preuve; et mon cœur, qui
   s'ignore,
Peut-il admettre un dieu que mon amant abhorre?
La coutume, la loi, *plia*^b mes premiers ans
A la religion des heureux musulmans:
Je le vois trop; les soins qu'on prend de notre enfance
Forment nos sentimens, nos mœurs, notre *croyance.*^c
J'eusse été près du Gange esclave des faux dieux,
Chrétienne dans Paris, musulmane en ces lieux,
² L'instruction *fait tout*;^d et la main de nos pères
Grave en nos faibles cœurs ces premiers caractères
Que l'exemple et le temps nous viennent retracer,
Et que peut-être en nous Dieu seul peut effacer.
Prisonnière en ces lieux, tu n'y fus renfermée
Que lorsque ta raison, par l'âge confirmée,

---

 w ornament.—*x* hides from the.—*y* splendor.—*z* workmanship.—*a* pledge
  —*b* bent.—*c* creed.—*d* does every thing.

---

 2 *L'instruction fait tout*, &c.—'The truth of this sentiment is obvious—how few are there in the world who follow a religion from conviction, unaided by the education they receive in their youth, and by the example which their parents give them to follow! This is indeed a happy ordination of Providence for the Christian; for the poor benighted pagan, who follows the rude worship of his parents, it might seem otherwise—but who shall dare to scrutinize the designs and ordinations of the Most High?'

Pour *éclairer*[e] ta foi *te prétait son flambeau:*[f]
Pour moi, des Sarrasins esclave en mon *berceau,*[g]
La foi de nos chrétiens me fut trop tard connue.
Contre elle cependant, loin d'être *prévenue,*[h]
Cette croix, je l'avoue, à souvent malgré moi
Saisi mon cœur surpris de respect et d'*effroi;*[i]
J'osais l'invoquer même avant qu'en ma pensée
D'Orosmane en secret l'image fût tracée.
J'honore, je chéris ces charitables lois
Dont ici Nerestan me parle tant de fois,
Ces lois qui, de la terre *écartant*[j] les misères,
Des humains attendris *font un peuple de frères;*[k]
Obligés de s'aimer, sans doute ils sont heureux.

Fatime. Pourquoi donc aujourd'hui vous déclarer contre eux?
A la loi musulmane à jamais *asservie,*[l]
Vous allez des chrétiens devenir l'ennemie;
Vous allez épouser leur superbe vainqueur.

Zaïre. Qui lui refuserait le présent de son cœur?
De toute ma faiblesse *il faut que je convienne;*[m]
Peut-être sans l'amour j'aurais été chrétienne;
Peut-être qu'à ta loi j'aurais sacrifié:
Mais Orosmane m'aime, et j'ai tout oublié;
Je ne vois qu'Orosmane, et mon âme *enivrée*[n]
Se remplit du bonheur de s'en voir adorée.
Mets-toi devant les yeux[o] sa grâce, ses exploits;
Songe à[p] ce bras puissant, vainqueur de tant de rois;
A cet aimable front que la gloire environne:
Je ne te parle point du sceptre qu'il me donne;
Non, *la reconnaissance*[q] est un faible retour,
Un tribut offensant, *trop peu fait*[r] pour l'amour.

---

e enlighten.—f lent you its torch.—g cradle.—h prejudiced.—i awe.—j banishing.—k constitute a nation of brethren.—l subjected.—m I must make an avowal.—n intoxicated with joy.—o place before your eyes.—p think of.—q gratitude.—r but too little suited.

Mon cœur aime Orosmane, et non son diadème;
Chère Fatime, en lui je n'aime que lui-même.
Peut-être *j'en crois trop*[s] un penchant si flatteur;
Mais si le Ciel, sur lui déployant sa rigueur,
Aux fers que j'ai portés eût condamné sa vie,
Si le Ciel sous mes lois eût *rangé*[t] le Syrie,
Ou mon amour me trompe, ou Zaïre aujourd'hui
Pour l'élever à soi descendrait jusqu'à lui.

   Fatime. On marche vers ces lieux; sans doute c'est lui-même.

   Zaïre. Mon cœur, qui le *prévient*,[u] m'annonce ce que j'aime.

Depuis deux jours, Fatime, absent de ce palais,
Enfin son tendre amour le rend à mes souhaits.

SCENE II.

ARGUMENT.

Orosman, impelled by sentiments of the purest and most virtuous ardor, is come to lay open the innermost recesses of his mind to Zaïre, before they are united in nuptial bliss. Unlike his voluptuous predecessors, he disdains to sacrifice himself to effeminate and debasing pleasures. Zaïre shall enjoy his sole, his undivided love—but unless she loves him with the same ardor, unless her affection is the perfect counterpart, nay a second reality of his own, he will not consent to espousals, which will be the prelude of his own unhappiness. The reply of Zaire is calculated to elevate his hopes, and inspire him with the most pleasant anticipations of a happy and blissful union.

OROSMANE, ZAIRE, FATIME.

   Orosmane. Vertueuse Zaïre, avant que l'hyménée.
Joigne à jamais nos cœurs et notre destinée,

---

[s] I am too much guided by.—[t] placed.—[u] anticipates.

J'ai cru, sur mes projets, sur vous, sur mon amour,
Devoir *en musulman*[v] vous parler sans *détour*.[w]
Les soudans qu'à genoux cet univers contemple,
Leurs usages, leurs droits, ne sont point mon exemple:
Je sais que notre loi, favorable aux plaisirs,
Ouvre un champ sans limite à nos vastes désirs;
Que je puis, *à mon gré prodiguant*[x] mes tendresses,
Recevoir à mes pieds l'*encens*[y] de mes maîtresses,
Et tranquille au sérail, dictant mes volontés,
Gouverner mon pays du sein des voluptés,
³Mais la *mollesse*[z] est douce, et sa suite est cruelle;
Je vois autour de moi cent rois vaincus par elle;
Je vois de Mahomet ces *lâches*[a] successeurs,
Ces califes tremblans dans leurs tristes grandeurs,
Couchés[b] sur les débris de l'autel et du trône,
Sous un nom sans pouvoir *languir*[c] dans Babylone,
Eux qui seraient encore, ainsi que leurs aïeux,
Maîtres du monde entier, s'ils l'avaient été d'eux.
Bouillon leur arracha Solyme et la Syrie;
Mais bientôt, pour punir une secte ennemie,
Dieu suscita le bras du puissant Saladin:
Mon père, après sa mort, *asservit*[d] le Jourdain;
Et moi, faible héritier de sa grandeur nouvelle,
Maître encore incertain d'un état *qui chancelle*,[e]
Je vois ces fiers chrétiens, *de rapine altérés*,[f]
Des bords de l'Occident vers nos bords attirés;

---

v as a true musulman.—*w* evasion (circuitous details).—*x* lavishing at my will.—*y* flattery.—*z* effeminacy.—*a* enervated.—*b* reclined.—*c* lead a life of inaction.—*d* subjugated.—*e* tottering.—*f* thirsting after rapine.

---

3 *Mais la mollesse est douce et sa suite est cruelle.*—It may be observed that it would be more correct and elegant in prose to say, *et la suite en est cruelle*, because the particle is better applied to inanimate things than the pronoun possessive. But the usage is perhaps less imperious in poetry.

Et lorsque la trompette, et la voix de la guerre,
Du Nil au Pont-Euxin font *retentir*[g] la terre,
Je n'irai point, *en proie*[h] à de lâches amours,
Aux langueurs d'un sérail abandonner mes jours.
J'atteste ici la gloire, et Zaïre, et ma flamme,
De ne choisir que vous pour maîtresse et pour femme,
De vivre votre ami, votre amant, votre époux,
De partager mon cœur entre la guerre et vous.
Ne croyez pas non plus que mon honneur confie
La vertu d'une épouse à ces monstres d'Asie,
Du sérail des soudans gardes injurieux,
Et des plaisirs d'un maître esclaves odieux :
Je sais vous estimer autant que je vous aime,
Et sur votre vertu *me fier à moi-même.*[i]
Après un tel aveu, vous connaissez mon cœur ;
Vous sentez qu'en vous seule il a mis son bonheur ;
Vous comprenez assez quelle amertume affreuse
Corromprait de mes jours la durée odieuse,
Si vous ne receviez les dons que je vous fais
Qu'avec des sentimens que l'on doit aux bienfaits.
Je vous aime, Zaïre, et j'*attends*[j] de votre âme
Un amour que réponde à ma brûlante flamme.
Je l'avoûrai, mon cœur ne veut rien qu'ardemment ;
Je me croirais haï, d'être aimé faiblement ;
De tous mes sentimens tel est le caractère :
Je veux avec excès vous aimer et vous plaire.
Si d'un égal amour votre cœur est *épris,*[k]
Je viens vous épouser, mais c'est à ce seul prix ;
Et du nœud de l'hymen l'étreinte dangereuse
⁴Me rend infortuné, s'il ne vous rend heureuse.

---

g resound.—*h* a prey.—*i* trust to myself.—*j* expect.—*k* possessed.

---

4 We are already made acquainted with the ardent soul of the sultan, calculated to carry every passion to an extreme. The tenderness and candor of Zaïre are shadowed forth in her reply.

Zaïre. Vous, Seigneur, malheureux! Ah! si votre
	grand cœur
A sur mes sentimens pu fonder son bonheur,
S'il dépend en effet de mes flammes secrètes,
Quel mortel fut jamais plus heureux que vous l'êtes!
Ces noms chers et sacrés, et d'amant, et d'époux,
Ces noms nous sont communs; et j'ai *par-dessus vous*[l]
Ce plaisir, si flatteur à ma tendresse extrême,
De tenir tout,[m] Seigneur, du bienfaiteur que j'aime;
De voir que ses bontés font seules mes destins;
D'être l'ouvrage heureux de ses augustes mains;
De révérer, d'aimer un héros que j'admire.
Oui, si parmi les cœurs soumis à votre empire
Vos yeux ont discerné les hommages du mien,
Si votre auguste choix....

SCENE III.

ARGUMENTS TO SCENES III. AND IV.

The announcement of Nerestan's return breaks off the tender reply of Zaïre. Nerestan is admitted—he is come to redeem his promise with respect to the ransom of ten Christian knights in captivity, and he will add to their number the tender Zaïre and Fatime her counsellor and friend. He requires the sultan to restore them to liberty without delay—but he has exhausted his whole fortune to procure the price of redemption, and must himself remain a prisoner and hostage. The sultan will not suffer himself to be eclipsed in generosity—he offers Nerestan his liberty, and will release without ransom ten times the number of Christians he demands—but he makes an exception with regard to Lusignan and above all of Zaïre, whom no consideration should induce him to resign. And when Nerestan presses his demand he will hear no more, and he expressly commands him not to let the morrow's sun shine upon him within the precincts of his realm.

---

l above what you possess.—*m* of deriving every thing.

OROSMANE, ZAIRE, FATIME, CORASMIN.

Corasmin.   Cet esclave chrétien
Qui sur sa foi, Seigneur, a passé dans la France,
Revient au moment même, et demande audience.
   Fatime. O Ciel!
   Orosmane. Il peut entrer. Pourquoi ne vient-il pas?
   Corasmin. Dans la première *enceinte*ⁿ il arrête ses
      pas :
Seigneur, je n'ai pas cru qu'aux regards de son maître
Dans ces augustes lieux un chrétien pût paraître.
   Orosmane. Qu'il paraisse. En tous lieux, sans man-
      quer de respect,
Chacun peut désormais *jouir de mon aspect ;*^o
Je vois avec mépris ces maximes terribles
⁵ Qui font de tant de rois des tyrans invisibles.

SCENE IV.

OROSMANE, ZAIRE, FATIME, CORASMIN, NERESTAN.

Nérestan. Respectable ennemi qu'estiment les chré-
      tiens,
Je reviens dégager mes sermens et les tiens:

---

n precincts.—*o* enjoy my sight.

---

5 We have arrived only at the end of the third scene, and the two lovers have already fixed a deep interest in our minds—their happiness is made our own—but we already begin to descry in the distance some obstacle which is to oppose their happiness. The arrival of Nerestan is announced: the generous conduct of Orosman, and the important service which Zaïre will be instrumental in rendering to the Christians, invest the two lovers with an additional claim to our sympathy, and attach us more strongly to the hope of seeing them crowned with felicity.

J'ai satisfait à tout;[p] c'est à toi d'y souscrire:
Je te fais apporter la rançon de Zaïre,
Et celle de Fatime, et de dix chevaliers
Dans les murs de Solyme illustres prisonniers:
Leur liberté, par moi trop long-temps retardée,
Quand je reparaîtrais *leur dut être accordée;*[q]
Sultan, tiens ta parole; ils ne sont plus à toi,
Et dès ce moment même ils sont libres par moi.
Mais, grâces à mes soins quand leur chaîne est brisée,
A t'en payer le prix ma fortune épuisée,
Je ne le cèle pas, m'ôte l'espoir heureux
De faire ici pour moi ce que je fais pour eux;
Une pauvreté noble est tout ce qui me reste:
J'arrache[r] des chrétiens *à*[s] leur prison funeste;
Je remplis mes sermens, mon honneur, mon devoir,
Il me suffit: je viens me mettre en ton pouvoir;
Je me rends prisonnier, et demeure *en otage,*[t]

  Orosmane. Chrétien, je suis content de ton noble courage,
Mais ton orgueil ici se serait-il flatté
D'effacer Orosmane en générosité?
Reprends ta liberté, *remporte*[u] tes richesses
A l'or de ces rançons joins mes justes largesses:
Au lieu de dix chrétiens que je dus t'accorder,
Je t'en veux donner cent; tu les peux demander:
Qu'ils aillent *sur tes pas*[v] apprendre à ta patrie
Qu'il est quelques vertus *au fond*[w] de la Syrie;
Qu'ils jugent en partant qui méritait le mieux
Des Français ou de moi l'empire de ces lieux.
Mais, parmi ces chrétiens que ma bonté délivre,
Lusignan ne fut point réservé pour te suivre;

---

[p] I have discharged every duty.—[q] was to be granted to them.—[r] rescue.—[s] from.—[t] as a hostage.—[u] carry back.—[v] in following thy steps.—[w] in the bosom.

De ceux qu'on peut te rendre il est seul excepté;
Son nom serait suspect à mon autorité;
Il est du sang français qui régnait à Solyme;
On sait son droit au trône, et ce droit est un crime:
Du destin qui fait tout tel est l'*arrêt*[x] cruel:
Si j'eusse été vaincu, je serais criminel.
Lusignan dans *les fers*[y] finira sa carrière,
Et jamais du soleil ne verra la lumière.
Je *le plains*[z] mais pardonne à la necessité
Ce *reste*[a] de vengeance et de sévérité.
Pour Zaïre, crois-moi, sans que ton cœur s'offense,
Elle n'est pas d'un prix qui soit en ta puissance;
Tes chevaliers français et tous leurs souverains
S'uniraient vainement pour *l'ôter*[b] de mes mains.
[6] Tu peux partir.
   Nérestan.   Qu'entends-je? Elle naquit chrétienne;
J'ai pour la délivrer ta parole et la sienne;
Et quant à Lusignan, ce vieillard malheureux,
Pourrait-il....
   Orosmane.   Je t'ai dit, chrétien, que je le veux.

---

[x] decree (sentence).—[y] bonds.—[z] pity him.—[a] remnant.—[b] take her away.

---

6 If there had not existed in these barbarous dynasties a Saladin, who, for his greatness of soul can suffer a comparison with the most famous heroes of antiquity, we might have supposed the generosity of Orosman incompatible with an Eastern despot's heart. But fortunately the character of Saladin is so well known, that it would be absurd to pretend that Orosman could not resemble him—and we cannot but praise the author of *Zaïre* for having depicted to us a sultan, who mingles humanity and compassion with the severe maxims of policy, and who condescends even to excuse himself to an enemy, who has been his slave, for retaining in bondage a claimant to the throne he occupies. But the poet in setting forth his virtues does not fail to bring back the leading sentiment which is to be predominant throughout the whole part—his love for Zaïre.

J'honore ta vertu; mais cette humeur *altière*,c
Se faisant estimer, commence à me déplaire:
Sors,d et que le soleil levé sur mes états
⁷Demain près du Jourdain ne te retrouve pas.
(*Nérestan sort.*)

Fatime. O Dieu, secourez-nous?
Orosmane.   Et vous, allez, Zaïre,
Prenez dans le sérail un souverain empire;
Commandez *en sultane*;e et je vais ordonner
La pompe d'un hymen qui vous doit couronner.

SCENE V.

ARGUMENT.

A symptom of jealousy manifests itself in the looks and words of Orosman. The intuitive Corasmin perceives the glimmerings of that baleful passion and suffers it not to pass unnoticed. But the sultan spurns the very thought, and by the energetic fervor of his discourse shows that if such impressions should ever be stamped upon his mind, the most terrible consequences might be apprehended.

OROSMANE, CORASMIN.

Orosmane. Corasmin, que veut donc cet esclave in-
           fidéle?
Il soupirait.... ses yeux se sont tournés vers elle,
Les as-tu remarqués?
Corasmin.   Que dites-vous, Seigneur?
De ce soupçon jaloux écoutez-vous l'erreur?

---

c haughty.—d begone.—e in the character of sultana.

---

7 *Demain près du Jordain ne te retrouve pas.*—The *sultan* again appears in this verse, but he is wounded at once in his love and his pride.

Orosmane. Moi, jaloux! qu'à ce point *ma fierté s'uvilisse!*[f]
Que j'éprouve l'horreur de ce honteux *supplice!*[g]
Moi! que je puisse aimer comme l'on sait haïr!
Quiconque est soupçonneux invite à le trahir.
Je vois à l'amour seul ma maîtresse asservie;
Cher Corasmin, je l'aime avec idolâtrie:
Mon amour est plus fort, plus grand que mes bienfaits.
Je ne suis point jaloux.... [8]si je l'étais jamais....
Si mon cœur.... Ah? *chassons*[h] cette importune idée;
D'un plaisir pur et doux mon âme est possédée.
Va, fais tout préparer pour ces momens heureux
Qui vont joindre ma vie à l'objet de mes vœux.
Je vais donner une heure aux soins de mon empire,
Et le reste du jour sera *tout à Zaïre.*[i]

---

[f] my pride should demean itself.—[g] punishment (torture).—[h] let us banish.—[i] wholly (devoted) to Zaïre.

---

8 *Si je l'etais jamais!*—This shuddering of Orosman at the very idea of jealousy, these terrible words "*si je l'étais jamais!*" contain the germ of all that takes place in the part of Orosman, and we shall find all the events of the piece successively founded and prepared in this first act. This is one of the first laws of the dramatic art, and too frequently the most neglected.

[FIN DU PREMIER ACTE.]

ACTE SECOND.

SCENE I.

ARGUMENT.

Chatillon, one of the Christians whom the generous Nerestan has been the means of restoring to liberty, testifies to him in the name of his companions the gratitude which they owe him. Nerestan expresses his grief at not being able to obtain from Orosman the deliverance of Lusignan. When Chatillon hears the afflicting exception with regard to his aged chief, whose history and misfortunes he briefly recapitulates, he would be unwilling to accept his liberty unaccompanied by that of Lusignan—but he easily prevails upon Nerestan to employ his influence with Zaïre that she may obtain from the sultan the freedom of the chief. Nerestan is fearful that the difficulty of obtaining an interview with Zaïre will be insuperable, but Zaïre unexpectedly appears.

NERESTAN, CHATILLON.

Chatillon. O brave Nérestan, chevalier généreux.
Vous qui brisez les fers de tant de malheureux;
Vous, sauveur des chrétiens qu'un dieu sauveur envoie,
Paraissez, montrez-vous, goûtez la douce joie
De voir nos compagnons, pleurant à vos genoux,
Baiser l'heureuse main qui nous délivre tous.
Aux portes du sérail *en foule*[a] ils vous demandent;
Ne privez point leurs yeux du héros qu'ils attendent;
Et qu'unis à jamais sous notre bienfaiteur....
　Nérestan. Illustre Chatillon, modérez cet honneur;

---

[a] in a crowd.

J'ai rempli d'un Français le devoir ordinaire,
J'ai fait ce qu'*à ma place*[b] on vous aurait vu faire.
   Chatillon. Sans doute, et tout chrétien, tout digne chevalier
Pour sa religion se doit sacrifier;
Et la félicité des cœurs tels que les nôtres
Consiste à tout quitter pour le bonheur des autres.
Heureux[c] à qui le Ciel a donné le pouvoir
De remplir comme vous un si noble devoir!
Pour nous, tristes *jouets du sort*[d] qui nous opprime,
Nous, malheureux Français, esclaves dans Solyme,
Oubliés dans les fers, où, long-temps sans secours,
Le père d'Orosmane abandonna nos jours;
Jamais nos yeux *sans vous*[e] ne reverraient la France.
   Nérestan. Dieu *s'est servi de moi,*[f] Seigneur; sa providence
De ce jeune Orosmane a *fléchi la rigueur.*[g]
Mais quel triste *mélange altère*[h] ce bonheur!
Que de ce fier soudan la [1]clemence odieuse
Répand sur[i] ses bienfaits une amertume affreuse!
Dieu me voit et m'entend; il sait si dans mon cœur
J'avais d'autres projets que ceux de sa grandeur
Je faisais tout pour lui; j'espérais de lui rendre
Une jeune beauté qu'à l'âge le plus tendre,
Le cruel Noradin fit esclave avec moi,
Lorsque les ennemis de notre auguste foi,

---

[b] in my place.—[c] happy the man.—[d] sport of the fate.—[e] were it not for thee.—[f] has made use of me.—[g] softened the cruelty.—[h] mixture changes the face of.—[i] sheds over.

---

[1] *Clemence odieuse.*—This epithet appears ill chosen; it seems inappropriate to qualify the generosity of Orosman in such a manner.

Baignant de notre sang ²la Syrie enivrée,
Surprirent Lusignan vaincu dans Césarée.
Du sérail des sultans sauvé par des chrétiens,
Remis depuis trois ans,ʲ dans mes premiers liens,
Renvoyé dans Paris sur ma seule parole,
Seigneur, je me flattais, espérance frivole!
De *ramener*ᵏ Zaïre à cette heureuse cour
Où Louis des vertus a fixé le *séjour*.ˡ
Déjà même la reine, à mon zèle propice,
Lui tendait de son trône une main protectrice,
Enfin, lorsqu'elle *touche au*ᵐ moment souhaité
Qui *la tirait*ⁿ du sein de la captivité,
On la retient... Que dis-je?... Ah! Zaïre elle-même
Oubliant les chrétiens pour ce soudan qui l'aime...
*N'y pensons plus.*ᵒ.. Seigneur, un refus plus cruel
Vient m'*accabler*ᵖ encore d'un déplaisir mortel:
Des chrétiens malheureux l'espérance est trahie.

Chatillon. Je vous offre pour eux ma liberté, ma vie;
Disposez-en,ᑫ Seigneur, elle vous appartient.

Nérestan. Seigneur, ce Lusignan qu'à Solyme on retient,
Ce dernier d'une race en héros si féconde,
Ce guerrier dont la gloire avait rempli le monde,
Ce héros malheureux, de Bouillon descendu,
Aux soupirs des chrétiens ne sera point *rendu*.ʳ

Chatillon. Seigneur, s'il est ainsi, votre faveur est vaine:
Quel indigne soldat voudrait briser sa chaîne

---

j sent back three years ago.—*k* bringing back.—*l* retreat.—*m* is touching upon the.—*n* was on the point of drawing her.—*o* let us think of it no more.—*p* to overwhelm.—*q* of them.—*r* restored.

---

2 *La Syrie enivrée.*—The word enivrée appears what in French is called a *cheville*, a word rather selected to fill up the line more for the sake of the rhyme than suited to the sense.

Alors que dans les fers son chef est retenu?
Lusignan comme à moi ne vous est pas connu.
Seigneur, remerciez le Ciel dont la clémence
A pour votre bonheur placé votre naissance
Long-temps après ces jours à jamais détestés,
Après ces jours de sang et de calamités
Où je vis sous le joug de nos barbares maîtres
Tomber ces murs sacrés conquis par nos ancêtres.
Ciel! si vous aviez vu ce temple abandonné,
Du dieu que nous servons le tombeau profané,
Nos pères, nos enfans, nos filles et nos femmes,
Au pied de nos autels expirant dans les flammes;
Et notre dernier roi, *courbé du faix*[s] des ans,
Massacré sans pitié *sur*[t] ses fils expirans!
Lusignan, le dernier de cette auguste race,
Dans ces momens affreux *ranimant*[u] notre *audace*,[v]
Au milieu des débris des temples renversés,
Des vainqueurs, des vaincus, et des morts *entassés*,[w]
Terrible, et d'une main reprenant cette épée
Dans le sang infidèle à tout moment *trempée*,[x]
Et de l'autre à nos yeux montrant avec fierté
De notre sainte foi le signe *redouté*,[y]
Criant *à haute voix*.[z] Français, soyez fidèles..!
Sans doute, en ce moment, le couvrant de *ses ailes*,[a]
La vertu du Très-Haut, qui nous sauve aujourd'hui,
Aplanissait[b] sa route et marchait devant lui,
Et des tristes chrétiens la foule délivrée
Vint *porter avec nous ses pas*[c] dans Césarée:
Là, par nos chevaliers, d'une commune voix,
Lusignan fut choisi pour nous donner des lois.
O mon cher Nérestan, Dieu, qui nous humilie,
N'a pas voulu sans doute, en cette courte vie,

---

[s] bent down beneath the burden.—[t] over.—[u] reviving.—[v] boldness.—[w] heaped up together.—[x] steeped.—[y] dreaded.—[z] with a loud voice.—[a] wings.—[b] smoothed.—[c] with us to direct their steps.

Nous accorder le prix qu'il doit à la vertu;
Vainement pour son nom nous avons combattu.
Ressouvenir affreux,[d] dont l'horreur me dévore!
Jérusalem en cendre, hélas! fumait encore,
Lorsque dans notre asile attaqués et trahis,
Et livrés par un Grec à nos fiers ennemis,
La flamme dont brûla Sion désespérée
S'étendit en fureur[e] aux murs de Césarée:
Ce fut là le dernier de trente ans de *revers*;[f]
Là je vis Lusignan *chargé d'*[g] indignes fers:
Insensible à sa *chute*,[h] et grand dans ses misères,
Il n'était attendri que des maux[i] de ses frères.
Seigneur, depuis ce temps, ce père des chrétiens,
Resserré,[j] loin de nous, *blanchi*[k] dans ses *liens*,[l]
Gémit[m] dans un cachot, privé de la lumière,
Oublié de l'Asie et de l'Europe entière;
Tel est son sort affreux: qui pourrait aujourd'hui,
Quand il souffre pour nous, se voir heureux sans lui!

    Nérestan. Ce bonheur, il est vrai, serait d'un cœur
        barbare.
Que je hais le destin qui de lui nous sépare!
Que vers lui vos discours *m'ont sans peine entraîné!*[n]
Je connais ses malheurs, avec eux je suis né;
Sans[o] un trouble nouveau je n'ai pu les entendre;
Votre prison, la sienne, et Césarée en cendre,
Sont les premiers objets, sont les premiers revers
Qui frappèrent mes yeux à peine encore ouverts.
Je sortais du berceau; ces images sanglantes
Dans vos tristes récits me sont encor présentes.
Au milieu des chrétiens dans un temple *immolés*,[p]
Quelques enfans, Seigneur, avec moi rassemblés,

---

d Ah! cruel remembrance!—*e* in wild fury extended.—*f* reverses.—*g* loaded with —*h* fall.—*i* he was only touched with the misfortunes.—*j* immured.—*k* having grown gray.—*l* bonds.—*m* groans.—*n* have without an effort hurried me away.—*o* were it not for.—*p* sacrificed.

Arrachés par des mains *de carnages fumantes*^q
Aux bras ensanglantés de nos mères tremblantes,
Nous fûmes transportés dans ce palais des rois,
Dans ce même sérail, Seigneur, où je vous vois.
Noradin m'éleva près de cette Zaïre,
Qui depuis... pardonnez si mon cœur *en soupire*,^r
Qui depuis, *égarée*^s en ce funeste lieu,
Pour un maître barbare abandonna son dieu.
    Chatillon. Telle est des musulmans la funeste prudence;
De leurs chrétiens captifs ils *séduisent l'enfance*:^t
Et je bénis le ciel, propice à nos desseins,
Qui dans vos premiers ans vous sauva de leurs mains.
Mais, Seigneur, après tout, cette Zaïre même
Qui renonce aux chrétiens pour le soudan qui l'aime,
De son crédit^u au moins nous pourrait secourir:
Qu'importe de quel^v bras Dieu daigne se servir?
M'en croirez-vous? le juste, aussi bien que le sage,
Du crime et du malheur sait *tirer*^w avantage.
Vous pourriez de Zaïre employer la faveur
A *fléchir*^x Orosmane, à toucher son grand cœur,
A nous rendre un héros que lui-même *a dû plaindre*,^y
Que sans doute il admire, et qui n'est plus *à craindre*.^z
    Nérestan. Mais ce même héros, pour briser ses liens,
Voudra-t-il qu'on s'abaisse à ces honteux moyens?
Et *quand il le voudrait*,^a est-il en ma puissance
D'obtenir de Zaïre un moment d'audience?
Croyez-vous qu'Orosmane y daigne consentir?
Le sérail à ma voix pourra-t-il *se rouvrir*?^b
Quand je pourrais enfin paraître devant elle,
Que faut-il espérer d'une femme infidèle,

---

q reeking with carnage.—*r* sighs thereat.—*s* having gone astray.—*t* mislead the childhood.—*u* with her influence.—*v* what matters it with what.—*w* derive.—*x* bend.—*y* must have pitied.—*z* to be feared.—*a* though he should wish it.—*b* be opened again.

A qui mon seul aspect doit *tenir lieu d'affront*,[c]
Et qui lira sa honte écrite sur mon front?
Seigneur, il est bien dur pour un cœur magnanime
D'attendre des secours de ceux qu'on mésestime;
Leurs refus sont affreux, leurs bienfaits *font rougir*.[d]

Chatillon. Songez à Lusignan, songez à le servir.

Nérestan. Eh bien... Mais quels chemins jusqu'à cette infidèle
Pourront... On vient à nous. Que vois-je? ô Ciel! c'est elle.

SCENE II.

ARGUMENT TO SCENES II. AND III.

Zaïre has obtained, of her own accord, the release of the venerable and unfortunate Lusignan, and she hastens to communicate to Nerestan the happy intelligence. The old chieftain appears; he is but just released from the darkness of a dungeon;—his eyes are dazzled with the light which has not beamed upon him for so many years. Zaïre sets forth to Lusignan the power and generosity of the sultan; and the pleasure she feels in the praise of her lover is but too perceptible in her whole discourse. Lusignan wishes to know who his liberator may be, his inquiry is satisfied, and now his thoughts naturally revert to his children, snatched from him in Cesarea by the pagan victor. After a short time Nerestan and Zaïre are recognised to be the very children on whom his imagination dwells. The venerable father is crowned with happiness at beholding them again, but soon his thoughts turn to the religion of Zaïre. She, alas, is not a Christian. But the afflicted father pours forth an irresistible torrent of eloquence, and she soon declares her adhesion to that faith, from which her heart had never been estranged. The old man is happy once more. But a hasty order arrives from the sultan to separate the Christians, and Lusignan has time only to bind her to the secresy of her newly discovered parentage by a sacred vow.

---

[c] serve as an affront.—[d] excite a blush.

ZAIRE, CHATILLON, NERESTAN.

Zaïre, (à *Nérestan.*) C'est vous, digne Français, à qui je viens parler:
Le soudan le permet, cessez de vous troubler;
Et rassurant mon cœur, qui tremble à votre approche,
Chassez de vos regards[e] la plainte et le reproche.
Seigneur, nous nous craignons, nous rougissons tous deux:
Je souhaite et je crains de rencontrer vos yeux.
L'un à l'autre attachés depuis notre naissance,
Une affreuse prison renferma notre enfance;
Le sort nous accabla *du poids*[f] des mêmes fers,
Que la tendre amitié nous rendait plus légers.
Il me fallut depuis gémir de votre absence;
Le Ciel porta vos pas aux rives de la France:
Prisonnier dans Solyme, enfin je vous *revis*;[g]
Un entretien plus libre alors m'était permis;
Esclave dans la foule, où j'étais *confondue,*[h]
Aux regards du soudan je vivais inconnue.
Vous daignâtes bientôt, *soit*[i] grandeur, soit pitié,
Soit plutôt digne effet d'une pure amitié,
Revoyant des Français le glorieux empire,
Y chercher la rançon de la triste Zaïre:
Vous l'apportez; le Ciel a trompé vos bienfaits;
Loin de vous dans Solyme il m'arrête à jamais.
Mais quoi que ma fortune ait d'éclat et de charmes,
Je ne puis vous quitter sans répandre des larmes;
Toujours de vos bontés je vais *m'entretenir,*[j]
Chérir de vos vertus le tendre souvenir,
Comme vous des humains soulager la misère,
Protéger les chrétiens, *leur tenir lieu de mère:*[k]
Vous me les rendez chers, et ces infortunés...

---

[e] banish from your looks.—[f] with the weight.—[g] beheld again.—[h] lost (confounded).—[i] whether (be it).—[j] to converse.—[k] be unto them in the place of a mother.

Nérestan. Vous, les protéger! vous, qui les aban-
	donnez?
Vous, qui des Lusignans *foulant aux pieds la cendre*[l]...
   Zaïre. Je la viens honorer, Seigneur; je viens vous
	rendre
Le dernier de ce sang, votre amour, votre espoir:
[3] Oui, Lusignan est libre, et vous l'allez revoir.
   Chatillon. O Ciel! nous reverrions notre appui,
	notre père!
   Nerestan. Les chrétiens vous devraient une *téte si
	chère!*[m]
   Zaïre. J'avais sans espérance osé la demander:
Le généreux soudan *veut bien*[n] nous l'accorder;
On l'amène en ces lieux.
   Nérestan.   Que mon âme est *émue!*[o]
   Zaïre. Mes larmes, malgré moi, *me dérobent sa vue;*[p]
Ainsi que ce vieillard j'ai *langui*[q] dans les fers:
Qui ne sait *compatir aux maux*[r] qu'on a soufferts!
   Nérestan. Grand Dieu! *que de vertu*[s] dans une âme
	infidèle!

---

[l] trampling upon the ashes.—[m] so dear a soul (the *charum caput* of the Latins).—[n] is willing.—[o] moved.—[p] prevent me from beholding him.—[q] pined away.—[r] to sympathise in the misfortunes.—[s] how much virtue.

---

[3] *Oui, Lusignan est libre*, &c.—The character of Zaïre continues to show itself under the most interesting feature. Touched with the service which Nerestan has wished to render her by her ransom, Zaïre risks much to prove to him at least the gratitude she feels by doing what she believes will be most agreeable to him. She has heard from the mouth of Orosman, the reasons which his policy opposes to the release of Lusignan, but nothing daunts her, she demands his restoration to liberty—she obtains it, and at the same time is permitted to announce this happy circumstance to the ancient companions of her captivity.

D

SCENE III.

ZAIRE, LUSIGNAN, CHATILLON, NERESTAN, PLUSIEURS ESCLAVES CHRETIENS.

Lusignan. Du séjour du trépas,[t] quelle voix me rappelle ?
⁴Suis-je avec des chrétiens ?... Guidez mes pas tremblans,
Mes maux m'ont *affaibli*[u] plus encor que mes ans.
                         (*en s'asseyant.*)
Suis-je libre en effet ?
   Zaïre.   Oui, Seigneur, oui, vous l'êtes.
   Chatillon. Vous vivez ! vous calmez nos douleurs inquiètes.
Tous nos tristes chrétiens....
   Lusignan.   O jour ! ô douce voix !
Chatillon, c'est donc vous ? c'est vous que je revois !
Martyr, ainsi que moi, de la foi de nos pères,
Le dieu que nous servons finit-il nos misères ?
En quels lieux sommes-nous ? Aidez mes faibles yeux.
   Chatillon. C'est ici le palais qu'ont bâti vos aïeux ;
Du fils de Noradin c'est le séjour profane.
   Zaïre. Le maître de ces lieux, le puissant Orosmane,
Sait connaître,[v] Seigneur, et chérir la vertu.
Ce généreux Français qui vous est inconnu,
                        (*en montrant Nérestan.*)

---

t from the abode of death.—*u* debilitated.—*v* knows how to distinguish.

---

4 *Suis-je avec des Chrétiens.*—These are his first words, and how true! How powerful is religion in misfortune, and in that adversity of which it is the cause, how strong is its support and consolation!

[SCENE III.] ŽAIRE.

Par la gloire amené des rives de la France,
Venait de dix chrétiens payer la délivrance:
Le soudan, comme lui, gouverné par l'honneur,
⁵Croit, en vous délivrant, égaler son grand cœur.
　Lusignan. Des chevaliers français tel est le caractère;
Leur noblesse en tout temps me fut utile et chère.
Trop digne chevalier, quoi! vous passez les mers,
Pour *soulager*ʷ nos maux et pour briser nos fers?
Ah! parlez, à qui dois-je un service si rare?
　Nérestan. Mon nom est Nérestan; le *sort;*ˣ long-
　　　　temps *barbare,*ʸ
Qui dans les fers ici me mit presque *en naissant,*ᶻ
Me fit quitter bientôt l'empire *du croissant:*ᵃ
A la cour de Louis, guidé par mon courage,
De la guerre sous lui *j'ai fait l'apprentissage;*ᵇ
Ma fortune et mon rang sont un don de ce roi,
Si grand par sa valeur, et plus grand par sa foi.
Je le suivis, Seigneur, au *bord*ᶜ de la Charente,
Lorsque du fier Anglais la valeur menaçante,
Cédant à nos efforts trop long-temps captivés,
Satisfit en tombant aux lis qu'ils ont bravés.
Venez, Prince, et montrez au plus grand des monarques,
De vos fers glorieux les vénérables marques:
Paris va révérer le martyr de la croix;
Et la cour de Louis est l'asile des rois.
　Lusignan. Hélas! de cette cour j'ai vu jadis la gloire.
Quand Philippe à Bovine *enchaînait*ᵈ la victoire,

---

w alleviate.—*x* destiny.—*y* cruel.—*z* at my birth.—*a* of the crescent.—
b have served my apprenticeship.—*c* bank.—*d* held enchained.

---

5 *Croit en vous délivrant,* &c.—How naturally does she commingle the praise of Nerestan with the eulogium of Orosman! how fearful she is that Orosman may be mistaken for a barbarian!

⁶Je combattais, Seigneur, avec Montmorenci,
Melun, d'Estaing, de Nesle, et ce fameux Couci,
Mais à revoir Paris *je ne dois plus prétendre:*ᵉ
Vous voyez qu'au tombeau je suis prêt à descendre;
Je vais au roi des rois demander aujourd'hui
Le prix de tous les maux que j'ai soufferts pour lui.
Vous, généreux témoins de mon heure dernière,
Tandis qu'il en est temps, écoutez ma prière:
Nérestan, Chatillon, et vous... de qui les pleurs
Dans ces momens si chers honorent mes malheurs,
Madame, ayez pitié du plus malheureux père
Qui jamais ait du Ciel éprouvé la colère,
Qui *répand*ᶠ devant vous des larmes que le temps
Ne peut encor *tarir*ᵍ dans mes yeux expirans.
Une fille, trois fils, ma superbe espérance,
Me furent arrachés dès leur plus tendre enfance:
O mon cher Chatillon, tu dois t'en souvenir.

   Chatillon. De vos malheurs encor vous me voyez
      *frémir.*ʰ

   Lusignan. Prisonnier avec moi dans Césarée en
      flamme,
Tes yeux virent périr mes deux fils et ma femme.

   Chatillon. Mon bras chargé de fers ne les put
      secourir.

   Lusignan. Hélas! et j'étais père, et je ne pus mourir!

---

e I must no longer aspire.—*f* sheds.—*g* dry up.—*h* shudder.

---

6 All these names, famous in their day, revive a train of lofty ideas and interesting associations. The aged Lusignan, just emerged from the darkness of a dungeon, tottering, debilitated, nay, on the verge of the tomb; the Christian knights surrounding him, that have fought and suffered for him—that commixture of grandeur, religion and misfortune forms a picture at once sublime and touching

Veillez du haut[i] *des cieux, chers enfans que j'implore,*
Sur mes autres enfans, s'ils sont vivans encore.
Mon dernier fils, ma fille, aux chaînes réservés,
Par de barbares mains pour servir conservés,
Loin d'un père accablé furent portés ensemble
Dans ce même sérail où le Ciel nous rassemble.

Chatillon. Il est vrai; dans l'horreur de ce péril nouveau,
Je tenais votre fille à peine en son berceau;
Ne pouvant la sauver, Seigneur, j'allais moi-même
Répandre[j] sur son front l'eau sainte du baptême,
Lorsque les Sarrasins, de carnage fumans,
Revinrent l'arracher à mes bras tout sanglans.
Votre plus jeune fils, à qui les destinées
Avaient à peine encore accordé quatre années,
Trop capable déjà de sentir son malheur,
Fut dans Jérusalem conduit avec sa sœur.

Nérestan. De quel ressouvenir mon âme est déchirée?
A cet âge fatal j'étais dans Césarée,
Et tout couvert de sang, et chargé de liens,
Je suivis en ces lieux la foule des chrétiens.

Lusignan. Vous.... Seigneur! ce sérail éleva votre enfance?....

(*en les regardant.*)

Hélas! de mes enfans auriez-vous connaissance?
Ils seraient de votre âge, et peut-être mes yeux....
Quel ornement, Madame, étranger en ces lieux?
Depuis quand l'avez-vous?[k]

Zaïre.   Depuis que je respire,
Seigneur.... eh quoi! *d'où vient*[l] que votre âme soupire?

―――

i watch from the height.—j sprinkle.—k how long have you possessed it.
—l whence comes it.

c 2

Lusignan. Ah! daignez confier à mes tremblantes mains....

Zaïre. De quel trouble nouveau tous mes sens sont atteints!ᵐ

Seigneur, que faites-vous?

Lusignan. O Ciel! ô providence!
Mes yeux, ne trompez point ma timide espérance;
Serait-il bien possible? oui, c'est elle.... je voi
Ce présent qu'une épouse avait reçu de moi,
Et qui de mes enfans ornait toujours la tête,
Lorsque de leur naissance on célébrait la *fête:*ⁿ
Je revois.... je *succombe à mon saisissement.*ᵒ

Zaïre. Qu'entends-je? et quel soupçon m'agite en ce moment?

Ah! Seigneur!

Lusignan. Dans l'espoir *dont j'entrevois les charmes,*ᵖ
Ne m'abandonnez pas, Dieu qui voyez mes larmes!
Dieu mort sur cette croix, et qui revis pour nous,
Parle, achève, ô mon Dieu! *ce sont là de tes coups.*ᑫ
Quoi! Madame, en vos mains elle était demeurée?
Quoi! tous les deux captifs, et pris dans Césarée?

Zaïre. Oui, Seigneur.

Nérestan. Se peut-il?

Lusignan. Leur parole, leurs *traits*ʳ
De leur mère en effet sont les vivans portraits.
Oui, grand Dieu; tu le veux, tu permets que je voie!..
Dieu, ranime mes sens trop faibles pour ma joie!
⁷Madame.... Nérestan.... soutiens-moi, Chatillon....
Nérestan, si je dois vous nommer de ce nom,

---

m smitten.—*n* the festive day.—*o* sink under the shock it gives me.—*p* the charms of which I partially behold.—*q* these are thy doings.—*r* features.

---

7 Hardly has the faltering tongue of the venerable Christian the power to demand whether Nerestan has upon his breast the scar of a wound! Nerestan answers in the affirmative. A moment after

Avez-vous dans le sein la *cicatrice*[s] heureuse
Du fer[t] dont *à mes yeux*[u] une main furieuse....
 Nérestan. Oui, Seigneur, il est vrai.
 Lusignan.   Dieu juste! heureux momens!
 Nérestan, (se jetant à genoux.) Ah, Seigneur! ah, Zaïre!
 Lusignan.   Approchez, mes enfans.
 Nérestan. Moi, votre fils!
 Zaïre.   Seigneur!
 Lusignan.   Heureux jour qui *m'éclaire;*[v]
Ma fille! mon cher fils! embrassez votre père.
 Chatillon. Que d'un si grand bonheur mon cœur *se sent toucher!*[w]
 Lusignan. De vos bras, mes enfans, je ne puis m'arracher.
Je vous revois enfin, chère et triste famille,
Mon fils, digne héritier.... vous.... hélas! vous, ma fille!
Dissipez mes soupçons, ôtez-moi cette horreur,
Ce trouble qui m'accable *au comble*[x] du bonheur.
Toi qui seul as conduit sa fortune et la mienne,
Mon Dieu qui *me la rends,*[y] me la rends-tu chrétienne?

---

[s] scar.—[t] of the sword.—[u] before my eyes.—[v] beams upon me.—[w] feels itself touched.—[x] at the height.—[y] restorest it to me.

---

both he and Zaïre are at the feet of their aged father, and Lusignan embraces his children. The spot, the time, the situation of the personages, the age of Lusignan, his long captivity, the religion for which he has fought and suffered, the palace, which was that of his ancestors, that land which was the cradle of the faith he professes, and the scene of his Redeemer's death, all concur in lending to this recognition an air of awe and sanctity, which displays something above human events—a peculiar design of providence—and this is what the author has made us sensible of in this beautiful verse:—

 " *Parle, achève, ô mon Dieu! ce sont là de tes coups.*"

Tu pleures, malheureuse, et tu baisses les yeux!
Tu *te tais!*[z] je t'entends! ô crime! ô justes cieux!
  Zaïre. Je ne puis vous tromper; sous les lois d'Orosmane....
Punissez votre fille.... elle était musulmane.
  Lusignan. Que la foudre en éclats[a] ne tombe que sur moi!
Ah, mon fils! à ces mots j'eusse expiré sans toi.
Mon Dieu! j'ai combattu soixante ans pour ta gloire!
J'ai vu tomber ton temple, et périr ta mémoire;
Dans un cachot affreux abandonné vingt ans,
Mes larmes t'imploraient pour mes tristes enfans;
Et, lorsque ma famille est par toi réunie,
Quand je trouve une fille, elle est ton ennemie!
Je suis bien malheureux.... c'est ton père, c'est moi,
C'est ta seule prison qui t'a ravi ta foi.
Ma fille, tendre objet de mes dernières peines,
Songe au moins, songe au sang qui *coule*[b] dans tes veines;
C'est le sang de vingt rois, tous chrétiens comme moi;
C'est le sang des héros, défenseurs de ma loi;
C'est le sang des martyrs.... O fille encor trop chère!
Connais-tu ton destin? sais-tu quelle est ta mère?
Sais-tu bien qu'à l'instant que *son flanc mit au jour*[c]
Ce triste et dernier fruit d'un malheureux amour,
Je la vis massacrer par la main *forcenée*,[d]
Par la main des brigands à qui tu t'es donnée?
Tes frères, ces martyrs *égorgés*[e] à mes yeux,
T'ouvrent leurs bras sanglans, *tendus*[f] du haut des cieux:
Ton dieu que tu trahis, ton dieu que tu blasphèmes,
Pour toi, pour l'univers, est mort en ces lieux mêmes,
En ces lieux où mon bras le servit tant de fois,
En ces lieux où son sang te parle par ma voix.

---

z art silent.—*a* may the thunder in loud crashes.—*b* flows.—*c* she brought into the world.—*d* infuriated.—*e* massacred.—*f* extended.

Vois ces murs, vois ce temple envahi par tes maîtres ;
Tout annonce le dieu qu'ont vengé tes ancêtres :
Tourne les yeux, sa tombe est près de ce palais ;
C'est ici la montagne, où *lavant*[g] nos *forfaits*,[h]
Il voulut expirer sous les coups de l'impie ;
C'est là que de sa tombe il rappela sa vie ;
Tu ne saurais marcher dans cet auguste lieu,
Tu ne peux *faire un pas*[i] sans y trouver ton dieu ;
Et tu n'y peux rester sans *renier*[j] ton père,
Ton honneur qui te parle, et ton dieu qui t'éclaire.
Je te vois dans mes bras et pleurer et frémir ;
Sur ton front pâlissant Dieu met le repentir ;
Je vois la vérité dans ton cœur descendue :
Je retrouve ma fille après l'avoir perdue ;
8 Et je reprends ma gloire et ma félicité,
En *dérobant*[k] mon sang à l'infidélité.

Nérestan. Je revois donc ma sœur !... Eh, son âme.
Zaïre.   Ah, mon père !
Cher auteur de mes jours, parlez, que dois-je faire ?
Lusignan. M'ôter par un seul mot ma honte et mes ennuis :[l]
Dire : Je suis chrétienne.
Zaïre.   Oui.... Seigneur.... je le suis.
Lusignan. Dieu, reçois son aveu du sein de ton empire !

---

g washing away.—*h* crimes.—*i* set one step.—*j* disowning.—*k* snatching.
l cares.

---

8 What a torrent of eloquence : and how irresistible ! This speech would be of the most moving beauty were it expressed in the language of prose : and amid all the difficulties of French versification, it is full of truth and precision :—to be eloquent in verse assuredly attests the highest order of talents !

SCENE IV.

ZAÏRE, LUSIGNAN, CHATILLON, NERESTAN, CORASMIN.

Corasmin. Madame, le soudan m'ordonne de vous dire
Qu'à l'instant de ces lieux il faut vous retirer,
Et de ces vils chrétiens surtout vous séparer.
Vous, Français, suivez-moi; *de vous je dois répondre.*[m]

Chatillon. Où sommes-nous, grand Dieu! Quel coup vient nous confondre!

Lusignan. Notre courage, amis, doit ici s'animer.

Zaïre. Hélas! Seigneur!

Lusignan. O vous, que je n'ose nommer,
Jurez-moi de garder un secret si funeste.

Zaïre. Je vous le jure.

Lusignan. Allez; le Ciel fera le reste.

---

[m] for you I am to answer.

[FIN DU SECOND ACTE.]

ACTE TROISIEME.

SCENE I.

ARGUMENT.

Orosman has learned that Louis of France is not directing his arms against him but against Egypt, and he is resolved to seek the favor of the French monarch by the gratuitous release of the Christians and particularly of Lusignan, whom he has restored to liberty at the wish of Zaïre. To her he will accord every object of her desire—he is willing to assent to her interview with Nerestan which she has just requested.

OROSMANE, CORASMIN.

Orosmane. Vous étiez, Corasmin, trompé par vos alarmes;
Non, Louis contre moi ne tourne point ses armes;
Les Français sont *lassés de*[a] chercher *désormais*[b]
Des climats que pour eux le destin n'a pas faits;
Ils n'abandonnent point leur fertile patrie
Pour *languir*[c] aux déserts de l'aride Arabie,
Et venir *arroser de*[d] leur sang odieux
Ces palmes, que pour nous Dieu *fait croître*[e] en ces lieux.
Ils couvrent de vaisseaux la mer de la Syrie;
Louis, *des bords de Chypre,*[f] épouvante l'Asie:
Mais j'apprends que ce roi s'éloigne de nos ports;
De la féconde Egypte il menace les bords:

---

[a] wearied with.—[b] henceforth.—[c] droop.—[d] bathe.—[e] causes to grow.—[f] from the shores of Cyprus.

J'en reçois à l'instant la première nouvelle;
Contre les Mamelus son courage l'appelle:
Il cherche Mélédin, mon secret ennemi;
Sur leurs divisions mon trône est *affermis*
Je ne crains plus enfin l'Egypte ni la France;
Nos communs ennemis cimentent ma puissance,
Et, prodigues d'un sang qu'ils devraient *ménager*,[h]
Prennent *en s'immolant*[i] le soin de me venger.
Relâche[j] ces chrétiens, ami, je les délivre;
Je veux plaire à leur maître, et leur permets de vivre.
Je veux que sur la mer on les mène à leur roi,
Que Louis me connaisse, et respecte ma foi.
Mène-lui Lusignan; dis-lui que je lui donne
Celui que la naissance allie à sa couronne,
Celui que par deux fois mon père avait vaincu,
Et qu'il tint enchaîné tandis qu'il a vécu.

Corasmin. Son nom cher aux chrétiens...

Orosmane.   Son nom n'est point à craindre.

Corasmin. [1]Mais, Seigneur, si Louis...

Orosmane.   *Il n'est plus temps*[k] *de feindre;*

---

g strengthened.—h spare.—i in sacrificing themselves —j release.—k it is no longer time.

---

1 *Mais, Seigneur, si Louis...*—The sultan interrupts him precipitately. He knows too well the reasons which Corasmin is about to allege. If Louis, a conqueror in Egypt, turns his arms against Syria, a prince such as Lusignan, the last of the race of the kings of Jerusalem, dethroned by the father of Orosman, would be, in the hands of Louis, a means of rallying around him all the ancient partisans of that respected family, who reigned so long in Palestine. This is what Corasmin would say to his master—but he does not give him the time to do so; he is not accustomed to that common vanity of despots of disguising their weakness under the semblance of policy. Above all, he has not the power to dissemble the excess of his love, nor to resist the pleasure of making it the theme of his discourse.

Zaïre l'a voulu, c'est assez; et mon cœur,
En donnant Lusignan, le donne à mon vainqueur,
Louis est peu pour moi; je fais tout pour Zaïre:
Nul autre sur mon cœur n'aurait pris cet *empire*.[l]
Je viens de l'affliger, c'est à moi d'adoucir
Le déplaisir mortel qu'elle a dû ressentir,
[2]Quand, sur les faux avis des desseins de la France,
J'ai fait à ces chrétiens un peu de violence.
Que dis-je? ces momens perdus dans mon conseil
Ont de ce grand hymen suspendu *l'appareil:*[m]
D'une heure encore,[n] ami, mon bonheur *se diffère;*[o]
Mais j'emploîrai du moins ce temps à lui complaire.
Zaïre ici demande un secret *entretien*[p]
Avec ce Nérestan, ce généreux chrétien....

   Corasmin. Et vous avez, Seigneur, encor cette indulgence?

   Orosmane. Ils ont été tous deux esclaves dans l'enfance,
Ils ont porté mes fers, *ils ne se verront plus;*[q]
Zaïre enfin de moi n'aura point un refus.
Je *ne m'en défends point,*[r] je *foule aux pieds*[s] pour elle
Des rigueurs du sérail la contrainte cruelle;
J'ai méprisé ces lois dont l'âpre austérité
Fait d'une vertu triste une nécessité.

---

l sway.—*m* the preparation.—*n* one hour more.—*o* is delayed.—*p* interview.—*q* they will see each other no more.—*r* do not deny it.—*s* trample under foot.

---

2 *Quand sur les faux avis*, &c.—The news of an armament raised by the king of France and the entrance of a fleet into the Mediterranean, have forced the sultan to convene his council, and even to arrest all the Christians of the French nation, to whom he had just granted their liberty. This is what has suspended the nuptials and renewed for a moment the alarm of the captive knights and of Zaïre.

Je ne suis point formé du sang asiatique;
Né parmi les rochers, au sein de la Taurique,
Des Scythes mes aïeux je garde la fierté,
Leurs mœurs, leurs passions, leur générosité:
Je consens qu'en partant Nérestan la revoie:
Je veux que tous les cœurs soient heureux de ma joie.
Après ce peu d'instans *volés à*[t] mon amour,
Tous ses momens, ami, sont à moi *sans retour.*[u]
Va; ce chrétien attend, et tu peux l'introduire;
Presse[v] son entretien; obéis à Zaïre.

SCENE II.

ARGUMENT TO SCENES II. III. AND IV.

In the interview to which Orosman has just given his permission, Nerestan makes known to Zaïre the sad tidings of their father's approaching death:—The excess of joy at being restored to his children had been too powerful a shock for his shattered nerves and debilitated frame. He is expiring, and the last accents that flutter from his quivering lips express a doubt of Zaïre's true adhesion to the Christian faith—Nerestan expresses a similar doubt, which he introduces and supports with interesting force. Zaïre in her reply lets fall from her lips her approaching union with Orosman. At this Nerestan sends forth a cry of horror, which strikes dismay into the soul of his sister. In her distraction she calls upon him to strike her to the heart. Her phrensied appeal is but in vain. He heaps upon her the bitterest reproaches and will communicate to her dying father the hideous tale: but when with convincing eloquence she unfolds to her brother how Orosman had won her heart by generosity, Nerestan relents—he is moved to compassionate her distress, he pities, he consoles, he encourages her—and he quits her to go and close the eyes of his father.

---

t snatched from.—*u* irrevocably.—*v* hasten.

CORASMIN, NERESTAN.

Corasmin. En ces lieux un moment tu peux encor rester :
Zaïre à tes regards viendra se présenter.

SCENE III.

NERESTAN, *seul.*

En quel état, ô Ciel ! en quel lieu je la laisse ?
O ma religion ! ô mon père ! ô tendresse !
Mais je la vois.

SCENE IV.

ZAIRE, NERESTAN.

Nérestan.   Ma sœur, je puis donc vous parler ?
Ah ! dans quel temps le Ciel nous voulut rassembler !
Vous ne reverrez plus un trop malheureux père.
Zaïre. Dieu ! Lusignan ?
Nérestan.   Il *touche à*[w] son heure dernière.
Sa joie, en nous voyant, par de trop grands efforts,
De ses sens affaiblis a rompu les *ressorts* ;[x]
Et cette émotion, dont son âme est remplie,
A bientôt *épuisé*[y] les sources de sa vie.
Mais, *pour comble d'horreurs*,[z] à ces derniers momens,
Il doute de sa fille et de ses sentimens ;

---

[w] is on the verge of.—[x] springs.—[y] exhausted.—[z] to crown the horrors.

Il meurt dans l'*amertume*,[a] et son âme incertaine
Demande en soupirant si vous êtes chrétienne.

Zaïre. Quoi! je suis votre sœur, et vous pouvez penser
Qu'à mon sang, à ma loi j'aille ici renoncer?

Nérestan. Ah, ma sœur! cette loi n'est pas la vôtre encore;
Le *jour qui vous éclaire*[b] est pour vous *à l'aurore*;[c]
Vous n'avez point reçu ce gage précieux
Qui *nous lave du crime*,[d] et nous ouvre les cieux:
Jurez par nos malheurs, et par votre famille,
Par ces martyrs sacrés de qui vous êtes fille,
Que vous voulez ici recevoir aujourd'hui
Le sceau du dieu vivant qui nous attache à lui.

Zaïre. Oui, je jure en vos mains, par ce dieu que j'adore,
Par sa loi que je cherche, et que mon cœur ignore,
De vivre désormais sous cette sainte loi....
Mais, mon cher frère.... hélas! que veut-elle de moi?
Que faut-il?

Nérestan. Détester l'empire de vos maîtres;
Servir, aimer ce Dieu qu'ont aimé nos ancêtres,
Qui, né près de ces murs, est mort ici pour nous,
Qui nous a rassemblés, qui m'a conduit vers vous.
Est-ce à moi d'en parler? moins *instruit*[e] que fidèle,
Je ne suis qu'un soldat, et je n'ai que du zèle;
Un pontife sacré viendra jusqu'en ces lieux
Vous apporter la vie, et *dessiller*[f] vos yeux.
Songez à vos sermens; et que l'eau du baptême
Ne vous apporte point la mort et *l'anathème*.[g]
Obtenez qu'avec lui je puisse revenir.
Mais *à quel titre*,[h] ô Ciel! faut-il donc l'obtenir?

---

a bitterness (of heart).—*b* light which shines upon you.—*c* at its dawn.—*d* washes us clear of crime.—*e* learned.—*f* unbandage.—*g* a curse.—*h* by what claim.

A qui le demander dans ce sérail profane?...
Vous, le sang de vingt rois, esclave d'Orosmane!
Parente[i] de Louis, fille de Lusignan!
Vous chrétienne, et ma sœur, esclave d'un soudan!
Vous m'entendez.... je n'ose en dire davantage
Dieu! nous réserviez-vous à ce dernier *outrage*?[j]

   Zaïre. Ah, cruel! poursuivez; vous ne connaissez pas
Mon secret, mes tourmens, mes vœux, mes *attentats:*[k]
Mon frère, ayez pitié d'une sœur *égarée,*[l]
Qui brûle, qui gémit, qui meurt désespérée.
Je suis chrétienne, hélas!... j'attends avec ardeur
Cette eau sainte, cette eau qui peut guérir mon cœur.
Non, je ne serai point indigne de mon frère,
De mes aïeux, de moi, de mon malheureux père.
Mais parlez à Zaïre, et ne lui cachez rien,
Dites.... quelle est la loi de l'empire chrétien?...
Quel est le châtiment pour une infortunée,
Qui, loin de ses parens, aux fers abandonnée,
Trouvant chez un barbare un généreux appui,
Aurait touché son âme et s'unirait à lui?

   Nérestan. O Ciel! que dites-vous? ah! la mort la
       plus prompte
Devrait....

   Zaïre.   C'en est assez, frappe, *préviens*[m] ta honte.

   Nérestan. Qui? vous? ma sœur?

   Zaïre.   C'est moi que je viens d'accuser.
Orosmane m'adore.... et j'allais l'épouser.

   Nérestan. L'épouser! est-il vrai, ma sœur? est-ce
       vous-même?
Vous, la fille des rois?

   Zaïre.   Frappe, dis-je; je l'aime.

---

i relative.—*j* insult.—*k* crime.—*l* bewildered.—*m* anticipate.

Nérestan. Opprobre malheureux du sang dont vous sortez,
Vous demandez la mort, et vous la méritez :
Et si je n'écoutais que ta honte et ma gloire,
L'honneur de ma maison, mon père, sa mémoire ;
Si la loi de ton dieu, que tu ne connais pas,
Si la religion *ne retenait*[n] mon bras,
J'irais dans ce palais, j'irais au moment même,
Immoler *de ce fer*[o] un barbare qui t'aime,
De son indigne *flanc*[p] le plonger dans le tien,
Et ne l'en retirer que pour percer le mien.
Ciel ! tandis que Louis, l'exemple de la terre,
Au Nil épouvanté ne va porter la guerre
Que pour venir bientôt, frappant des coups plus sûrs,
Délivrer ton dieu même et lui *rendre*[q] ces murs,
Zaïre cependant, ma sœur, son alliée,
Au tyran d'un sérail par l'hymen est liée ?
Et [3]je vais donc *apprendre*[r] à Lusignan trahi
Qu'un Tartare est le dieu que sa fille a choisi ?
Dans ce moment affreux, hélas ! ton père expire
En demandant à Dieu le salut de Zaïre.

Zaïre. Arrête, mon cher frère.... arrête, connais-moi ;
Peut-être que Zaïre est digne encor de toi.
Mon frère, *épargne*[s]-moi cet horrible langage ;
Ton *courroux*,[t] ton reproche est un plus grand outrage,
Plus sensible pour moi, plus dur que ce trépas
Que je te demandais et que je n'obtiens pas.

---

n did not withhold.—*o* with this steel.—*p* side.—*q* restore.—*r* make known. *s* spare.—*t* wrath.

---

3 *Je vais donc apprendre à Lusignan,* &c.—What an image to present to her noble and sensitive soul is this dying father—the father to whom she has but just now been restored—who has just bound her to the sacred faith of which he has the professions from her own lips!

L'état où tu me vois accable ton courage;
Tu souffres, je le vois; je souffre davantage:
Je voudrais que du Ciel le barbare secours
De mon sang dans mon cœur eût *arrêté le cours*,[u]
Le jour qu'empoisonné d'une flamme profane,
Ce pur sang des chrétiens brûla pour Orosmane,
⁴Le jour que de ta sœur Orosmane charmé....
Pardonnez-moi, chrétiens; qui ne l'aurait aimé?
Il faisait tout pour moi; son cœur m'avait choisie;
Je voyais sa fierté pour moi seule *adoucie:*[v]
C'est lui qui des chrétiens a ranimé l'espoir;
C'est à lui que je dois le bonheur de te voir:
Pardonne; ton courroux, mon père, ma tendresse
Mes sermens, mon devoir, mes remords, ma faiblesse,
Me servent *de supplice*,[w] et ta sœur en ce jour
Meurt de son repentir plus que de son amour.

Nérestan. Je te blâme, et te *plains;*[x] crois-moi, la Providence
Ne te laissera point périr sans innocence:
Je te pardonne, hélas! ces combats odieux;
Dieu ne t'a point prêté son bras victorieux:

---

[u] stopped the current.—[v] softened.—[w] as a punishment (torture).—[x] pity.

---

4 *Le jour que de ta sœur Orosmane charmé....*
  Pardonnes-moi, chrétiens, &c.

How much truth of character is visible in this interruption! She accuses herself of her love: she would have wished to die on the day that *Orosmane charmé....*—Here she stops.—This emotion which repentance has begun, is interrupted by love, all that she can do is to demand pardon of her fellow christians—but far from renouncing her passion, she cannot even complete the self-reproach she has begun—she hastens to cover it, to efface it by all the praises which she delights to heap upon the object she adores, and which are at once the delights of a tender heart and the excuse of her weakness.

Ce bras, qui rend la force aux plus faibles courages,
Soutiendra ce *roseau*[y] plié par les orages;
Il ne souffrira pas qu'à son culte engagé,
Entre un barbare et lui ton cœur soit *partagé*.[z]
Le baptême *éteindra*[a] ces feux *dont il soupire*,[b]
Et tu vivras fidèle, ou périras martyre.
Achève donc ici ton serment commencé;
Achève, et, dans l'horreur dont ton cœur est pressé,
Promets au roi Louis, à l'Europe, à ton père,
Au dieu qui déjà parle à ce cœur si sincère,
De ne point accomplir cet hymen odieux
Avant que le pontife ait éclairé tes yeux,
Avant qu'en ma présence il te fasse chrétienne,
Et que Dieu par ses mains t'adopte et te soutienne.
Le promets-tu, Zaïre?...

Zaïre.   Oui, je te le promets;
Rends-moi chrétienne et libre, à tout je *me soumets*.[c]
Va, d'un père expirant, va *fermer la paupière*,[d]
Va, je voudrais te suivre et mourir la première.

  Nérestan. Je pars. Adieu, ma sœur, adieu: puisque mes vœux
Ne peuvent t'arracher de ce palais honteux,
Je reviendrai bientôt par un heureux baptême
T'arracher aux enfers, et te rendre à toi-même.

---

[y] reed.—[z] divided.—[a] will extinguish.—[b] through which he sighs (as we say, *soupirer de douleur, d'amour, de regret*).—[c] yield.—[d] close the eyelids.

SCENE V.

ARGUMENT.

Zaïre, in the anguish of her heart, invokes the assistance of heaven. Struggling between her love and her duty, she resolves not to shrink from the holy obligation which must sever her for ever from Orosman, whom she trembles to behold, and she pronounces a pious vow that he may come no more into her presence.

ZAIRE *seule.*

Me voilà seule, ô Dieu! que vais-je devenir?
Dieu, commande à mon cœur de ne te point trahir!
Hélas! suis-je en effet Française ou musulmane?
Fille de Lusignan, ou femme d'Orosmane?
Suis-je amante ou chrétienne? O sermens que j'ai faits!
Mon père, mon pays, vous serez satisfaits!
Fatime ne vient point. Quoi, dans ce trouble extrême
L'univers m'abandonne! on me laisse à moi-même!
Mon cœur peut-il porter, seul et *privé d'appui,*[e]
Le *fardeau*[f] des devoirs qu'on m'impose aujourd'hui?
A ta loi, Dieu puissant! oui, mon âme est rendue;
Mais *fais*[g] que mon amant *s'éloigne*[h] de ma vue.
Cher amant! ce matin *l'aurais-je pu prévoir*[i]
Que je *dusse*[j] aujourd'hui *redouter*[k] de te voir?
Moi, qui, de tant de feux justement possédée,
N'avais d'autre bonheur, d'autre soin, d'autre idée
Que de t'entretenir, d'écouter ton amour,
Te voir, te souhaiter, attendre son retour!
Hélas! et je t'adore, et t'aimer est un crime.

---

e deprived of support.—f burden.—g cause.—h may remove far away.—
i could I have foreseen.—j was to.—k dread.

SCENE VI.

ARGUMENT.

Orosman is come in quest of Zaïre to be united to her by the nuptial ceremony, and he evinces all the joy which the occasion can awaken. Each word that he utters plunges a dagger into the heart of Zaïre. Sighs and broken words are the only reply she can make to the sultan's transports. At first her hesitation appears to him the natural effect of modesty: but soon her incongruous demeanor fills him with amazement. Not knowing what reasons to give for her perturbation, she pronounces with tremor the names of Christian and Lusignan—Orosman, now further removed from discovering the true cause of the feelings which actuate her, renews his expressions of esteem—Zaïre would postpone the hymeneal rite The very idea carries a tumult into his soul. Zaïre no longer able to endure so afflicting a situation, quits the sultan to conceal her tears in solitude

ZAIRE, OROSMANE.

Orosmane. Paraissez, tout est prêt, et l'ardeur qui m'anime
Ne souffre plus, Madame, aucun retardement:
Les flambeaux de l'hymen brillent pour votre amant;
Les parfums de l'encens remplissent la mosquée;
Du dieu de Mahomet la puissance invoquée
Confirme mes sermens, et préside à mes feux:
Mon peuple prosterné pour vous offre ses vœux;
Tout tombe à vos genoux; vos superbes rivales,
Qui disputaient mon cœur [5] et marchaient vos égales,
Heureuses de vous suivre et de vous obéir,
Devant vos volontés vont apprendre à fléchir:

---

5 *Et marchaient vos égales.*—This expression has become common. Voltaire has frequently employed it. But let us bear in mind, that Racine first rendered the verse of Virgil in this happy manner—
Ast ego, quæ divûm incedo regina ...
Je ceignis la tiare et marchai son égal. (Athalie.)

Le trône, les festins, et la cérémonie,
Tout est prêt; commencez le bonheur de ma vie.
 Zaïre. Où suis-je, malheureuse! ô tendresse! ô douleur!
Orosmane. Venez.
Zaïre.   Où me cacher?
Orosmane.   Que dites-vous?
Zaïre.   Seigneur!
Orosmane. Donnez-moi votre main; daignez, belle Zaïre.....
Zaïre. Dieu de mon père! hélas! que pourrai-je lui dire?
Orosmane. Que j'aime à triompher de ce tendre embarras!
Qu'il redouble ma flamme et mon bonheur?...
 Zaïre.   Hélas!
Orosmane. Ce trouble à mes désirs vous rend encor plus chère;
D'une vertu modeste il est le caractère.
Digne et charmant objet de ma constante foi,
Venez, *ne tardez plus.*[l]
 Zaïre.   Fatime, soutiens-moi...
Seigneur!
Orosmane. O Ciel! eh quoi?
 Zaïre.   Seigneur, cet hyménée
Etait un bien suprême à mon âme étonnée.
Je n'ai point recherché le trône et la grandeur:
Qu'[m]un sentiment plus juste occupait tout mon cœur!
Hélas! j'aurais voulu qu'à vos vertus unie,
Et méprisant pour vous les trônes de l'Asie,
Seule et dans un désert, auprès de mon époux,
J'eusse pu *sous mes pieds les fouler*[n] avec vous.
Mais... Seigneur... ces chrétiens...

---

l delay no longer.—*m* how.—*n* trample them under foot.

Orosmane. Ces chrétiens... Quoi, Madame!
Qu'*auraient donc de commun*º cette secte et ma flamme?
Zaïre. ⁹Lusignan, ce vieillard accablé de douleurs,
Termine en ce moment sa vie et ses malheurs.
Orosmane. Eh bien! quel intérêt si pressant et si tendre
A ce vieillard chrétien votre cœur peut-il prendre?
Vous n'êtes point chrétienne; élevée en ces lieux,
Vous suivez dès long-temps la foi de mes aïeux;
Un vieillard qui succombe au poids de ses années
Peut-il troubler ici vos belles destinées?
Cette aimable pitié qu'*il s'attire de vous,*ᵖ
Doit se perdre avec moi dans des momens si doux.
Zaïre. Seigneur, si vous m'aimez, si je vous étais chère...
Orosmane. Si vous l'êtes, ah Dieu!
Zaïre. Souffrez que l'on diffère...
Permettez que ces *nœuds*ᵠ par vos mains *assemblés*ʳ...
Orosmane. Que dites-vous, ô Ciel! est-ce vous qui parlez
Zaïre!
Zaïre. Je ne puis soutenir sa colère.
Orosmane. Zaïre.
Zaïre. Il *m'est affreux,*ˢ Seigneur, de vous déplaire;
Excusez ma douleur... Non, j'oublie à la fois
Et tout ce que je suis et tout ce que je dois.
Je ne puis soutenir cet aspect qui me tue.
Je ne puis... Ah! souffrez que loin de votre vue,

---

o would have in common (with each other).—*p* he gains from you.—
q ties.—*r* brought together.—*s* terrible to me.

---

6 *Lusignan, ce vieillard*, &c.—The poet has shewn great address in introducing here the idea of the dying Lusignan, who is ever present to the mind of his daughter.

Seigneur, j'aille cacher mes larmes, mes ennuis,
Mes vœux, mon désespoir, et l'horreur où je suis.
(Elle sort.)

SCENE VII.

ARGUMENT.

Orosman is left on the rack of terrifying uncertainty by the abrupt egress of Zaïre. Suspicion is kindled within his mind, but on whom shall this suspicion fall? Nerestan alone can be the object of it. This thought is replete with terror and consternation, but his innate generosity resumes its sway and silences his mistrust. But Corasmin probes the wound that has been inflicted upon him by adverting to a second interview which Nerestan demands with Zaïre. At this the whole nature of Orosman is changed to bitterness and cruelty, and he accordingly issues orders that conform with the feelings which impel him.

OROSMANE, CORASMIN.

Orosmane. Je demeure immobile, et ma langue *glacée*[t]
Se refuse aux[u] transports de mon âme offensée.
Est-ce à moi que l'on parle? ai-je bien entendu?
Est-ce moi qu'elle *fuit?*[v] ô ciel! et qu'ai-je vu?
Corasmin, quel est donc ce changement extrême?
Je la laisse échapper![w] je m'ignore moi-même.

Corasmin. Vous seul causez son trouble, et vous *vous en plaignez:*[x]
Vous accusez, Seigneur, un cœur où vous régnez.

Orosmane. Mais pourquoi donc ces pleurs, ces regrets, cette fuite,
Cette douleur si sombre en ses regards écrite?

---

[t] frozen.—[u] falters at the.—[v] flies.—[w] I cannot comprehend her.—
[x] complain of it.

F

[7]Si c'était ce Français!... quel soupçon! quel horreur!
Quelle lumière affreuse a passé dans mon cœur!
Hélas! je *repoussais*[y] ma juste *défiance*;[z]
Un barbare, un esclave, aurait cette insolence!
Cher ami, je verrais un cœur comme le mien
Réduit à redouter un esclave chrétien?
Mais, parle; tu pouvais observer son visage,
Tu pouvais de ses yeux entendre le langage;
Ne me déguise rien: *mes feux sont-ils trahis?*[a]
Apprends-moi mon malheur...tu trembles...tu frémis..
C'en est assez.
    Corasmin.   Je crains d'irriter vos alarmes.
Il est vrai que ces yeux ont versé quelques larmes;
Mais, Seigneur, après tout, je n'ai rien observé
Qui doive...
    Orosmane. A cet affront je serais réservé!
Non; si Zaïre, ami, m'avait fait cette offense,
Elle eût avec plus d'art trompé ma confiance;
Le déplaisir secret de son cœur agité,
Si ce cœur est perfide, *aurait-il éclaté?*[b]
Ecoute: *garde-toi*[c] de soupçonner Zaïre.
Mais, dis-tu, ce Français gémit, pleure, soupire:
Que m'importe[d] après tout le sujet de ses pleurs?
Qui sait si l'amour même *entre dans*[e] ses douleurs?
Et qu'ai-je à redouter d'un esclave infidèle
Qui demain pour jamais se va séparer d'elle?
    Corasmin. N'avez-vous pas, Seigneur, permis, malgré
        nos lois,
Qu'il jouît de sa vue une seconde fois?
Qu'il revînt en ces lieux?

---

y spurned.—*z* suspicion.—*a* is my love betrayed?—*b* would he have given vent to his feelings.—*c* beware.—*d* what matters to me.—*e* has any share in.

---

7 *Si c'était ce Français*, &c.—This thought terrifies him—but his natural generosity does not allow him to dwell upon it long.

Orosmane. [8]Qu'il revînt? lui! ce traître!
Qu'aux yeux de ma maîtresse il osât reparaître?
Oui, je le lui rendrais, mais mourant, mais puni.
Mais versant à ses yeux le sang qui m'a trahi,
Déchiré devant elle; et ma main *dégouttante*[f]
Confondrait[g] dans son sang le sang de son amante.....
Excuse les transports de ce cœur offensé;
Il est né violent, il aime, il est blessé.
Je connais mes fureurs, et je crains ma faiblesse;
A des troubles honteux je sens que je m'abaisse.
Non, c'est trop sur Zaïre arrêter un soupçon;
Non, son cœur n'est point fait pour une trahison.
Mais ne crois pas non plus que le mien s'avilisse
A souffrir des rigueurs, à gémir d'un caprice,
A *me plaindre*,[h] à *reprendre*,[i] à redonner ma foi:
Les *éclaircissemens*[j] sont indignes de moi;
Il *vaut mieux*[k] sur mes sens reprendre un juste empire;
Il vaut mieux oublier jusqu'au nom de Zaïre.
[9]Allons, que le sérail soit fermé pour jamais;
Que la terreur habite aux portes du palais;
Que tout ressente ici le frein[l] de l'esclavage.
Des rois de l'Orient suivons l'antique usage.

---

[f] dropping with blood.—[g] would mingle.—[h] complain.—[i] resume.—[j] explanations.—[k] is better.—[l] let every thing here savour of the restraint.

---

8 *Qu'il revînt, lui! ce traître*, &c.—This terrible fit of indignation is the first explosion of the storm which has been rising in the breast of the impetuous Orosman. But the poet, faithful to his first design of bringing back that noble confidence which characterises great souls, in terminating this act leaves in the heart of the sultan nothing but the resentment of offended pride—this alone dictates the measures he takes and the orders which he is going to give, and he even persists in banishing mistrust.

9 The orders which Orosman gives were rendered necessary to bring about the important incident which mainly contributes to the catastrophe—in obliging Nerestan to hazard the sending of a letter to Zaïre.

On peut, pour son esclave oubliant sa fierté
Laisser tomber sur elle un regard de bonté ;
Mais il est trop honteux de craindre une maîtresse ;
Aux mœurs de l'Occident laissons cette bassesse.
Ce sexe dangereux, qui veut *tout asservir*,[m]
S'il règne dans l'Europe, ici doit obéir.

---

[m] subjugate every thing.

[FIN DU TROISIEME ACTE.]

ACTE QUATRIEME.

SCENE I.

ARGUMENT.

Fatime devotedly attached to her religion, would willingly congratulate Zaïre upon the victory she has just achieved over her attachment to a pagan—but Zaïre's mind still reverts to the sultan and the cruel pangs to which her refusal will subject him. But Fatime recals to her thoughts her promise to meet the christian pontiff.

ZAIRE, FATIME.

Fatime. Que je vous plains,[a] Madame, et que je vous admire!
C'est le dieu des chrétiens, c'est Dieu qui vous inspire!
Il donnera la force à vos bras *languissans*[b]
De briser des liens si chers et si puissans.
    Zaïre. Eh! pourrais-je achever ce fatal sacrifice?
    Fatime. Vous demandez sa *grâce*,[c] il vous doit sa justice;
De votre cœur docile il doit prendre le soin.
    Zaïre. Jamais de son appui je n'eus tant de besoin.
    Fatime. Si vous ne voyez plus votre auguste famille,
Le Dieu que vous servez vous adopte pour fille;
Vous êtes dans ses bras; il parle à votre cœur:
Et *quand*[d] ce saint pontife, organe du Seigneur,

---

a how I pity you.—*b* drooping.—*c* pardon.—*d* even if.

Ne pourrait aborder[e] dans ce palais profane...,.
  Zaïre. Ah! j'ai porté la mort dans le cœur d'Orosmane!
J'ai pu *désespérer*[f] le cœur de mon amant!
Quel outrage, Fatime, et quel affreux moment!
Mon Dieu, vous l'ordonnez!..j'eusse été trop heureuse,
  Fatime. Quoi! regretter encor cette chaîne honteuse,
Hasarder[g] la victoire ayant tant combattu!
  Zaïre. Victoire infortunée! inhumaine vertu!
Non, tu ne connais pas ce que je sacrifie.
Cet amour si puissant, ce charme de ma vie,
Dont j'espérais, hélas! tant de félicité,
Dans toute son ardeur *n'avait point éclaté.*[h]
Fatime, j'offre à Dieu mes blessures cruelles;
Je *mouille*[i] devant lui *de*[j] larmes criminelles
Ces lieux où tu m'as dit qu'il choisit son séjour;
Je lui crie en pleurant: Ote-moi mon amour,
Arrache-moi mes vœux, remplis-moi de toi-même!
Mais, Fatime, à l'instant les *traits*[k] de ce que j'aime,
Ces traits chers et charmans, que toujours je revoi,
Se montrent dans mon âme entre le Ciel et moi.
Eh bien! race des rois *dont le Ciel me fit naître,*[l]
Père, mère, chrétiens, vous mon Dieu, vous mon maître,
Vous qui de mon amant me privez aujourd'hui,
Terminez donc mes jours qui ne sont plus pour lui!
Que j'expire innocente, et qu'une main si chère
De ces yeux qu'il aimait ferme au moins la paupière!
Ah! que fait Orosmane? il ne s'informe pas
Si j'attends[m] loin de lui la vie ou le trépas;
Il *me fuit,*[n] il me laisse, et je n'y peux survivre.
  Fatime. Quoi! vous, fille des rois, que vous prétendez suivre,

---

[e] should not be able to approach.—[f] to fill with despair.—[g] risk.—[h] would not have broke forth.—[i] bedew.—[j] with.—[k] features.—[l] from whom heaven caused me to be born.—[m] whether I await.—[n] flies from me.

Vous, dans les bras d'un Dieu, votre éternel appui...
   Zaïre. Eh! pourquoi mon amant n'est-il pas né pour lui?
Orosmane est-il fait pour être sa victime?
Dieu pourrait-il haïr un cœur si magnanime?
Généreux, bienfaisant, juste, plein de vertus,
S'il était né chrétien, que *serait-il de plus?*^o
Et *plût à Dieu*^p du moins que ce saint interprète,
Ce ministre sacré que mon âme souhaite,
Du trouble où tu me vois *vînt bientôt me tirer!*^q
Je ne sais; mais enfin j'ose encore espérer
Que ce Dieu, dont cent fois on *m'a peint*^r la clémence,
Ne *réprouverait*^s point une telle alliance:
Peut-être, de Zaïre en secret adoré,
Il pardonne aux combats de ce cœur *déchiré;*^t
Peut-être, en me laissant au trône de Syrie,
Il soutiendrait par moi les chrétiens de l'Asie.
Fatime, tu le sais, ce puissant Saladin
Qui *ravit à*^u mon sang l'empire du Jourdain,
Qui fit comme Orosmane admirer sa clémence,
Au sein d'une chrétienne il avait *pris naissance.*^v
   Fatime. Ah! ne voyez-vous pas que pour vous consoler....
   Zaïre. Laisse-moi; je vois tout, je meurs sans m'aveugler:
Je vois que mon pays, mon sang, tout me condamne;
Que je suis Lusignan, que j'adore Orosmane;
Que mes vœux, que mes jours à ses jours sont liés.
Je voudrais quelquefois me jeter à ses pieds.
De tout ce que je suis faire un aveu sincère.

---

o could he be more.—*p* would to God.—*q* would soon come to extricate me.—*r* they have depicted to me.—*s* would not reprobate.—*t* lacerated.—*u* snatched from.—*v* received his existence.

Fatime. ¹Songez que cet *aveu*ʷ peut *perdre*ˣ votre frère,
Expose les chrétiens, qui *n'ont que vous d'appui,*ʸ
Et va trahir le Dieu qui vous rappelle à lui.
   Zaïre. Ah! si tu connaissais le grand cœur d'Oresmane!
   Fatime. Il est le protecteur de la loi musulmane,
Et plus il vous adore, et moins il peut souffrir
Qu'on vous ose annoncer un Dieu qu'il doit haïr.
Le pontife à vos yeux en secret *va se rendre,*ᶻ
Et vous avez promis....
   Zaïre.   Eh bien! il faut l'attendre.
J'ai promis, j'ai juré de garder ce secret,
Hélas! qu'à mon amant je *le tais*ᵃ à regret!
Et, pour comble d'horreur, je ne suis plus aimée.

ʷ confession.—ˣ destroy.—ʸ have no support but you.—ᶻ is about to repair.—ᵃ conceal it.

---

1 *Songez que cet aveu,* &c.—The conduct of Zaïre is necessitated by the most powerful reasons. With a man so ardent in his affections as the sultan, there is every thing to be feared from the first transport of fury against a Christian who aims to snatch from him the object of his love—and if he should spare him, it is at least certain that he will never consent that Zaïre should embrace a religion which would render their union impossible.

SCENE II.

ARGUMENT.

The sultan in this masterly scene has raised himself superior to his love for Zaïre, he is come to renounce her formally—he will elevate another to the dignity he has destined for her—it will cost him dear—but his resolution he declares to be unalterably fixed. Zaïre replies—she weeps. At the sight of her tears all his generosity again rushes into his bosom—he falls at her feet. She avows that he is dear to her—but that her love for him is the source of bitter woe. He desires an explanation—Zaïre abstains from revealing the mystery, but throws herself at his feet and conjures him in the name of her affection to leave her the remainder of the day to herself, on the morrow all her secrets shall be revealed. The sultan can refuse no request to the afflicted Zaïre.

OROSMANE, ZAIRE.

Orosmane. Madame, il fut un temps où mon âme charmée,
Ecoutant sans rougir des sentimens trop chers,
Se fit une vertu de languir dans vos fers.
Je croyais être aimé, Madame et votre maître,
Soupirant à vos pieds, devait *s'attendre à l'être.*[b]
Vous ne m'entendrez point, amant faible et jaloux,
En reproches honteux éclater contre vous.
Cruellement blessé, mais trop fier pour me plaindre,
Trop généreux, trop grand pour m'abaisser à feindre,
Je viens vous déclarer que le plus froid mépris
De vos caprices vains sera le digne prix.
Ne vous préparez point à tromper ma tendresse,
A chercher des raisons dont la flatteuse adresse,
A mes yeux *éblouis*[c] *colorant*[d] vos refus,
Vous ramène un amant qui ne vous connaît plus,

---

b to expect to be so.—*c* dazzling.—*d* making a pretext for.

Et qui, craignant surtout qu'à rougir on l'expose,
D'un refus outrageant veut ignorer la cause.
Madame, c'en est fait, une autre va monter
Au rang que mon amour vous daignait présenter;
Une autre aura des yeux, et va du moins connaître
De quel prix mon amour et ma main devaient être.
Il pourra m'en coûter;[e] mais mon cœur *s'y résout.*[f]
Apprenez qu'Orosmane est capable de tout;
Que j'aime mieux vous perdre, et loin de votre vue
Mourir désespéré de vous avoir perdue,
Que de vous posséder, s'il faut qu'à votre foi
Il en coûte un soupir qui ne soit pas pour moi.
Allez! mes yeux jamais ne reverront vos charmes.

 Zaïre. Tu m'as donc tout ravi, Dieu, témoin de mes larmes;
Tu veux commander seul à mes sens *éperdus*[g]...
Eh bien! puisqu'il est vrai que vous ne m'aimez plus,
Seigneur....

 Orosmane. Il est trop vrai que l'honneur me l'ordonne,
Que je vous adorai, que je vous abandonne,
Que je renonce à vous, que vous le désirez,
Que sous une autre loi..... Zaïre, vous pleurez?

 Zaïre. [2]Ah! Seigneur! ah! du moins *gardez*[h] de jamais croire
Que du rang d'un soudan je regrette la gloire;
Je sais qu'il faut vous perdre, et mon sort l'a voulu:
Mais, Seigneur, mais mon cœur ne vous est pas connu.
Me punisse à jamais ce Ciel qui me condamne
Si je regrette rien que le cœur d'Orosmane!

---

e It will possibly cost me dearly.—f Is resolved thereunto.—g dismayed.—
h beware.

---

2 *Ah, Seigneur,* &c.—Zaire in beholding Orosman at her feet, is engrossed with the thought alone that he may attribute her tears to the regret of losing the supreme dignity.

Orosmane. Zaïre, vous m'aimez!
Zaïre. Dieu! si je l'aime, hélas!
Orosmane. Quel caprice étonnant, que je ne conçois
pas!
Vous m'aimez? Eh! pourquoi vous forcez-vous, cruelle,
A déchirer le cœur d'un amant si fidèle?
Je me connaissais mal; oui, dans mon désespoir,
J'avais cru sur moi-même avoir plus de pouvoir.
Va, mon cœur est bien loin d'un pouvoir si funeste:
Zaïre, que jamais la vengeance céleste
Ne donne à ton amant, enchaîné sous ta loi,
La force d'oublier l'amour qu'il a pour toi!
Qui, moi! que sur mon trône une autre fût placée
Non, je n'en eus jamais la fatale pensée.
Pardonne à mon courroux, *à mes sens interdits,*[i]
Ces dédains affectés, et si bien démentis;
C'est le seul déplaisir que jamais, dans ta vie,
Le Ciel aura voulu que ta tendresse essuie.
Je t'aimerai toujours... Mais d'où vient que ton cœur
En *partageant*[j] mes feux *différait*[k] mon bonheur?
Parle, était-ce un caprice? est-ce crainte d'un maître,
D'un soudan, qui pour toi veut renoncer à l'être?
Serait-ce un artifice? épargne-toi ce soin;
L'art n'est pas fait pour toi, tu n'en as pas besoin;
Qu'il ne souille jamais le saint nœud qui nous lie!
L'art le plus innocent *tient de la perfidie:*[l]
Je n'en connus jamais, et mes sens déchirés,
Pleins d'un amour si vrai...
Zaïre. Vous me désespérez.
Vous m'êtes cher sans doute, et ma tendresse extrême
Est le *comble*[m] des maux pour ce cœur qui vous aime.

---

[i] to my amazed senses.—[j] sharing.—[k] delayed.—[l] savours of perfidy.—[m] height.

Orosmane. O Ciel! expliquez-vous. Quoi! toujours me troubler?
Se peut-il?...

Zaïre. Dieu puissant, *que ne puis-je*[n] parler?

Orosmane. Quel étrange secret me cachez-vous, Zaïre?
Est-il quelque chrétien qui contre moi conspire?
Me trahit-on? parlez.

Zaïre. Eh! peut-on vous trahir?
Seigneur, entre eux et vous vous me verriez courir!
On ne vous trahit point, pour vous rien n'est à craindre:
Mon malheur est pour moi, je suis la seule *à plaindre*.[o]

Orosmane. Vous, à plaindre! grand Dieu!

Zaïre. Souffrez qu'à vos genoux
Je demande en tremblant une *grâce*[p] de vous.

Orosmane. Une grâce! ordonnez et demandez ma vie.

Zaïre. Plût au Ciel qu'à vos jours la mienne fût unie!
Orosmane... Seigneur... permettez qu'aujourd'hui,
Seule, loin de vous-même, et *toute à*[q] mon ennui,
D'un œil plus *recueilli*[r] contemplant ma fortune,
Je cache à[s] votre oreille une plainte importune...
Demain tous mes secrets vous seront révélés.

Orosmane. De quelle inquiétude, ô Ciel, vous m'accablez!
Pouvez-vous?...

Zaïre. Si pour moi l'amour vous parle encore,
Ne me refusez pas la grâce que j'implore.

Orosmane. Eh bien! il faut vouloir tout ce que vous voulez;
J'y consens; il en coûte à mes sens *désolés*.[t]
Allez: *souvenez-vous*[u] que je vous sacrifie
Les momens les plus beaux, les plus chers de ma vie.

---

n why can I not.—o to be pitied.—p favor.—q wholly absorbed in.—r thoughtful.—s from.—t disconsolate.—u recollect.

Zaïre. En me parlant ainsi, vous me percez le cœur.
Orosmane. Eh bien ! vous me quittez, Zaïre ?
Zaïre. Hélas ! Seigneur.

SCENE III.

ARGUMENT TO SCENES III. AND IV.

Hardly has Zaïre retired from the presence of Orosman than he chides himself for his easy accession to her request. But the tide of his attachment soon flows once more—he is now ready to make every excuse for her perturbation and while the softest impressions in her favor are again deepened, one of the guards of the palace brings a letter, which he has intercepted in the hands of a Christian who was seeking ingress.

OROSMANE, CORASMIN.

Orosmane. Ah ! c'est trop tôt chercher ce solitaire
  asile ;
C'est trop tôt abuser de ma bonté facile ;
Et plus j'y pense, ami, moins je puis concevoir
Le sujet si caché de tant de désespoir.
Quoi donc ! par ma tendresse élevée à l'empire,
Dans le sein du bonheur que son âme désire,
Près d'un amant qu'elle aime, et qui brûle à ses pieds,
Ses yeux, remplis d'amour, de larmes sont noyés !
Je suis bien indigné de voir tant de caprices :
Mais, moi-même, après tout, eus-je moins d'injustices ?
Ai-je été moins coupable à ses yeux offensés ?
Est-ce à moi de me plaindre ? on m'aime, c'est assez :
Il me faut expier par un peu d'indulgence
De mes transports jaloux l'injurieuse offense
Je *me rends*.[v] Je le vois, son cœur est *sans détours* ;[w]
La nature *naïve*[x] anime ses discours :

---

v yield.—*w* without subterfuge.—*x* artless.

Elle est dans l'âge heureux où règne l'innocence;
A sa sincérité je dois ma confiance.
Elle m'aime, sans doute; oui, j'ai lu devant toi,
Dans ses yeux *attendris*¹ l'amour qu'elle a pour moi;
Et son âme, *éprouvant*² cette ardeur qui me touche,
Vingt fois pour me le dire *a volé sur sa bouche*.ᵃ
Qui peut avoir un cœur assez traître, assez bas,
Pour montrer tant d'amour et ne le sentir pas?

SCENE IV.

OROSMANE, CORASMIN, MELEDOR.

Mélédor. Cette lettre, Seigneur, à Zaïre adressée,
Par vos gardes saisie, et dans mes mains laissée...
Orosmane. Donne... qui la portait?... Donne.
Mélédor.   Un de ces chrétiens
Dont vos bontés, Seigneur, ont brisé les liens:
Au sérail en secret il allait s'introduire;
*On l'a mis dans les fers.*ᵇ
Orosmane.   Hélas! que vais-je lire?
³Laissez-nous... Je frémis.

---

¹ moved to pity.—² experiencing.—ᵃ has fluttered upon her lips.—ᵇ he has been thrown into chains.

Laissez-nous... je frémis.—This scene has some analogy with that in which Roxane has surprised the letter of Bajazet to Atalide in the Bajazet of Racine. In Racine we have

Donne, pourquoi frémir? et quel trouble soudain
Me glace à cet objet et fait trembler ma main
Il peut l'avoir écrit sans m'avoir offensée,
Il peut même..... Lisons et voyons sa pensée.
                    (Racine, Bajazet.)

SCENE V.

ARGUMENT.

With trembling hand Orosman unfolds the fatal epistle and reads—he doubts not but that it is from Nerestan, and the horror of Zaïre's perfidy throws him into a paroxysm of phrensy. Ere long he recovers so far as to listen to the counsels of Corasmin, who proposes to him an infallible plan for discovering the truth. He advises the sultan to have the same letter conveyed to her by a confidential slave, and then to judge by the answer whether Zaïre is perfidious or true. In the vehemence of his fury he had already issued a hasty order for Zaïre to be summoned into his presence, and when he had resolved to follow the advice of Corasmin, it is too late to countermand the summons. She appears.

OROSMANE, CORASMIN.

Corasmin.   Cette lettre, Seigneur,
Pourra *vous éclaircir*,[c] et calmer votre cœur.
   Orosmane. Ah! lisons : ma main tremble, et mon âme
                  étonnée
Prévoit que ce billet contient ma destinée.
Lisons : " Chère Zaïre, il est temps de nous voir.
" Il est vers la mosquée une secrète issue
" Où vous pouvez sans bruit et sans être aperçue
" Tromper *vos surveillans*,[d] et remplir notre espoir :
" Il faut *tout hasarder*,[e] vous connaissez mon zèle :
" Je vous attends ; je meurs si vous n'êtes fidèle."
Eh bien ! cher Corasmin, que dis-tu ?
   Corasmin.   Moi, Seigneur ?
Je suis épouvanté de ce comble d'horreur.

---

[c] clear up your mind.—[d] those who watch you.—[e] risk every thing.

Orosmane. 'Tu vois comme on me traite.
Corasmin.   O trahison horrible!
Seigneur, à cet affront vous êtes insensible?
Vous dont le cœur *tantôt*,^f sur un simple soupçon,
D'une douleur si vive a reçu le poison?
Ah! sans doute, l'horreur d'une action si noire
Vous guérit d'un amour qui blessait votre gloire.
 Orosmane. Cours chez elle à l'instant, va, vole, Co-
   rasmin:
Montre-lui cet écrit... Qu'elle tremble... et soudain
De cent coups de poignard que l'infidèle meure!
⁵Mais avant de frapper... Ah! cher ami, demeure;
Demeure, il n'est pas temps. Je veux que ce chrétien
Devant elle amené... non... je ne veux plus rien...
Je *me meurs*^g... Je succombe à l'excès de ma rage.
 Corasmin. On ne reçut jamais un si *sanglant outrage.*^h
 Orosmane. Le voilà donc connu ce secret plein
   d'horreur!
Ce secret qui *pesait à*ⁱ son infâme cœur!

---

f just now.—*g* am dying.—*h* deadly affront.—*i* weighed upon.

---

4 *Tu vois comme on me traite.*—He appears so completely overwhelmed, so annihilated as it were, that Corasmin mistakes this feeling for a kind of insensibility or indifference. Corasmin, who knows the impetuous soul of his master, who bears in mind all the violence of which he had been an eye-witness but a short time before believes that the pride of his master beholds in Zaïre only a miserable slave who has deceived her benefactor, when all at once Orosmane bursts from this state of apparent mental prostration by the most terrific vehemence—
   Cours chez elle ..... va, vole, &c.
5 *Mais avant de frapper,* &c.—It would be difficult to find a passage which would surpass this in any dramatist. How strikingly do we behold depicted here those tumultuous struggles of a soul that cries for revenge and cannot execute it. That disorder of ideas and sentiments, that utter subversion of soul which is here displayed are strongly marked characteristics.

Sous le voile emprunté d'une crainte *ingénue*ʲ
Elle veut quelque temps *se soustraire à*ᵏ ma vue;
Je me fais cet effort, je la laisse sortir;
Elle part en pleurant... et c'est pour me trahir.
Quoi, Zaïre!

Corasmin. Tout sert à redoubler son crime.
Seigneur, n'en soyez pas l'innocente victime;
Et de vos sentimens rappelant la grandeur...

Orosmane. C'est là ce Nérestan, ce héros plein d'honneur,
Ce chrétien si vanté, qui remplissait Solyme
De ce *faste*ˡ imposant de sa vertu sublime!
Je l'admirais moi-même, et mon cœur combattu
*S'indignait*ᵐ qu'un chrétien m'égalât en vertu.
Ah! qu'il va me payer sa *fourbe*ⁿ abominable!
Mais Zaïre, Zaïre est cent fois plus coupable:
Une esclave chrétienne, et que j'ai pu laisser
Dans les plus vils emplois languir sans l'abaisser!
Une esclave! elle sait ce que j'ai fait pour elle!
Ah, malheureux!

Corasmin. Seigneur, si vous souffrez mon zèle,
Si, parmi les horreurs qui doivent vous troubler,
Vous vouliez....

Orasmane. Oui, je veux la voir et lui parler.
Allez, volez, esclave, et m'amenez Zaïre.

Corasmin. Hélas! dans cet état que pourrez-vous lui dire?

Orosmane. Je ne sais, cher ami, mais je *prétends*ᵒ la voir.

Corasmin. Ah! seigneur, vous allez, dans votre désespoir,
*Vous plaindre,*ᵖ menacer, faire couler des larmes;
Vos bontés contre vous lui donneront des armes;

ʲ ingenuous.—ᵏ withdraw herself from.—ˡ pomp (show).—ᵐ was indignant at.—ⁿ fraud.—ᵒ mean.—ᵖ complain.

Et votre cœur *séduit*,[q] malgré tous vos soupçons,
Pour la justifier cherchera des raisons.
M'en croirez-vous? cachez cette lettre à sa vue;
Prenez pour la lui rendre une main inconnue;
Par-là, malgré la fraude et les déguisemens,
Vos yeux *démêleront*[r] ses secrets sentimens,
[6] Et des *plis*[s] de son cœur verront tout l'artifice.
 Orosmane. Penses-tu qu'en effet Zaïre me trahisse?
Allons, *quoi qu'il en soit;*[t] je vais *tenter mon sort*,[u]
Et pousser la vertu jusqu'au dernier effort.
Je veux voir à quel point une femme *hardie*[v]
Saura *de son côté pousser*[w] la perfidie.
 Corasmin. Seigneur, je crains pour vous ce funeste
    entretien;
Un cœur tel que le vôtre....
 Orosmane.   Ah! n'en redoute rien;
A son exemple, hélas! ce cœur ne saurait feindre:
Mais j'ai la fermeté de savoir me contraindre,
Oui, puisqu'elle m'abaisse à connaître un rival....
Tiens, reçois ce billet à tous trois si fatal;
Va, choisis pour le rendre un esclave fidèle;
Mets en de sûres mains cette lettre cruelle;
Va, cours.... Je ferai plus, j'éviterai ses yeux,
Qu'elle n'approche pas.... C'est elle, justes cieux!

---

q misled.—*r* discover (unravel).—*s* folds.—*t* however it may be.—*u* try my fate.—*v* daring.—*w* on her side to carry.

---

6 This counsel is too compatible with the first wish of Orosmane's heart that he should not forthwith assent to it. But how beautiful is his reply!——

SCENE VI.

ARGUMENT.

Orosmane demands from Zaïre the revelation of her true sentiments towards him, he requires that her sincerity should correspond with his own. He may have mistaken for love that which was nothing but gratitude. At first her reply is haughty but she soon relapses into her accustomed acknowledgments of fervent attachment to him—he is again deeply moved, and with difficulty curbs his agitation: but firm to his determination of persevering in the test to which he was about to put her by the instrumentality of the slave, and lest this secret may escape him, he bids her retire.

OROSMANE, ZAIRE.

Zaïre. Seigneur, vous m'étonnez; quelle raison soudaine,
Quel ordre si pressant près de vous me ramène?
 Orosmane. Eh bien! Madame, *il faut que vous m'éclaircissiez;*[x]
Cet ordre est important plus que vous ne croyez.
Je me suis consulté.... Malheureux l'un par l'autre,
Il faut régler d'un mot et mon sort et le vôtre.
Peut-être qu'en effet ce que j'ai fait pour vous,
Mon orgueil oublié, mon sceptre à vos genoux,
Mes bienfaits, mon respect, mes soins, ma confiance,
Ont arraché de vous quelque *reconnaissance.*[y]
Votre cœur, par un maître attaqué chaque jour,
Vaincu par mes bienfaits, crut l'être par l'amour.
Dans votre âme avec vous il est temps que je lise,
Il faut que ses *replis*[z] s'ouvrent à ma franchise:
Jugez-vous; répondez avec la vérité
Que vous devez au moins à ma sincérité.

---

[x] you must clear away my doubts.—[y] gratitude.—[z] innermost folds.

Si de quelque autre amour l'invincible puissance
L'emporte sur[a] mes soins, ou même les balance,
Il faut me l'avouer, et dans ce même instant.
Ta *grâce*[b] est dans mon cœur; prononce, elle t'attend.
Sacrifie à ma foi l'insolent qui t'adore:
Songe que je te vois, que je te parle encore,
Que *ma foudre*[c] à ta voix pourra *se détourner*,[d]
Que c'est le seul moment où je peux pardonner.
    Zaïre. Vous, Seigneur, vous osez me tenir ce langage?
Vous, cruel! Apprenez que ce cœur qu'on outrage,
Et que par tant d'horreurs le Ciel veut *éprouver*,[e]
S'il ne vous aimait pas, est né pour vous braver.
Je ne crains rien ici que ma funeste flamme:
N'imputez qu'à ce feu qui brûle encor mon âme,
N'imputez qu'à l'amour, que je dois oublier,
La honte *où je descends*[f] de me justifier.
J'ignore si le Ciel, qui m'a toujours trahie,
A destiné pour vous ma malheureuse vie.
Quoi qu'il puisse arriver, je jure par l'honneur,
Qui, non moins que l'amour, est gravé dans mon cœur,
Je jure que Zaïre, à soi-même rendue,
Des rois les plus puissans détesterait la vue;
Que tout autre après vous me serait odieux.
Voulez-vous plus savoir, et me connaître mieux?
Voulez-vous que ce cœur, *à l'amertume en proie*,[g]
Ce cœur désespéré devant vous *se déploie*?[h]
Sachez donc qu'en secret il pense malgré lui
Tout ce que devant vous il déclare aujourd'hui;
Qu'il soupirait pour vous avant que vos tendresses
Vinssent justifier mes naissantes faiblesses;

---

a takes the ascendant over.—*b* pardon.—*c* the thunder of my wrath.—*d* to avert itself.—*e* put to the test.—*f* to which I condescend.—*g* a prey to bitterness.—*h* should unfold itself.

Qu'*il prévint*[i] vos bienfaits, qu'il brûlait à vos pieds,
Qu'il vous aimait enfin lorsque vous m'ignoriez;
Qu'il n'eut jamais que vous, n'aura que vous pour maître.
J'en atteste le Ciel, que j'offense peut-être;
Et si j'ai mérité son éternel courroux,
Si mon cœur fut coupable, ingrat, c'était pour vous.

   Orosmane. Quoi! *des plus tendres feux*[j] sa bouche encor m'assure!
Quel excès de *noirceur!*[k] Zaïre!.... ah, la parjure!
Quand de sa trahison j'ai la preuve en ma main!

   Zaïre. Que dites-vous? Quel trouble agite votre sein?

   Orosmane. Je ne suis point troublé. Vous m'aimez?

   Zaïre.   Votre bouche
Peut-elle me parler avec ce ton *farouche*[l]
D'un feu si tendrement déclaré chaque jour?
Vous *me glacez de*[m] crainte en me parlant d'amour.

   Orosmane. Vous m'aimez?

   Zaïre.   Vous pouvez douter de ma tendresse?
Mais *encore une fois,*[n] quelle fureur vous presse?
Quels regards effrayans vous *me lancez,*[o] hélas!
Vous doutez de mon cœur?

   Orosmane.   Non, je n'en doute pas.
Allez, rentrez, Madame.

---

[i] it anticipated.—[j] of the tenderest love.—[k] blackness.—[l] austere (wild).—[m] chill me with.—[n] once more.—[o] dart at me.

SCENE VII.

ARGUMENT.

The sultan asks Corasmin if he has found a trusty slave to execute the important commission of conveying the letter to Zaïre—Orosmane still vacillates in painful doubt—Anon a ray of hope gleams upon him. Nerestan may be enamored of Zaire without any reciprocation or affection on her part—There may be no understanding between them—The infatuated man may have deluded himself into the empty belief that he is loved. But be it as it may he gives orders that Nerestan should be seized when he repairs to the rendezvous with Zaïre, but above all that Zaïre should be unmolested.

OROSMANE, CORASMIN.

Orosmane. Ami, sa perfidie
Au comble de l'horreur *ne s'est pas démentie*;[p]
Tranquille dans le crime, et fausse avec douceur,
Elle a *jusques au bout*[q] soutenu sa noirceur.
As-tu trouvé l'esclave? as-tu *servi ma rage*?[r]
Connaîtrai-je à la fois son crime et mon ouvrage?

Corasmin. Oui, je viens d'obéir; mais vous ne pouvez pas
Soupirer désormais pour ses traîtres appas;
Vous la verrez sans doute avec indifférence,
Sans que le repentir succède à la vengeance,
Sans que l'amour sur vous en repousse les traits.

Orosmane. Corasmin, je l'adore encor plus que jamais.
Corasmin. Vous? ô Ciel! vous?
Orosmane. Je vois un rayon d'espérance,
Cet odieux chrétien, l'élève de la France,
Est jeune, impatient, léger, présomptueux;
Il peut croire aisément ses téméraires vœux;

---

p has not contradicted itself.—*q* to the end.—*r* favored my fury.

Son amour indiscret, et plein de confiance,
Aura de ses soupirs hasardé l'insolence:
Un regard de Zaïre aura pu l'aveugler;
Sans doute il est aisé *de s'en laisser troubler.*[s]
Il croit qu'il est aimé, c'est lui seul qui m'offense;
Peut-être ils ne sont point tous deux *d'intelligence.*[t]
Zaïre n'a point vu ce billet criminel,
Et j'en croyais trop tôt mon déplaisir mortel.
Corasmin, écoutez.... dès que la nuit plus sombre
Aux crimes des mortels viendra *prêter son ombre,*[u]
Sitôt que[v] ce chrétien chargé de mes bienfaits,
Nérestan, paraîtra sous les murs au palais,
Ayez soin qu'à l'instant la garde le saisisse;
Qu'on prépare pour lui le plus honteux supplice,
Et que chargé de fers il me soit présenté.
Laissez, surtout, laissez Zaïre en liberté.
Tu vois mon cœur, tu vois à quel excès je l'aime!
Ma fureur est plus grande, et j'en tremble moi-même.
J'ai honte des douleurs où je me suis plongé;
Mais *malheur*[w] aux ingrats qui m'auront outragé!

---

[s] *to suffer one's-self to be troubled thereby.*—[t] *in an understanding with each other.*—[u] *lend its shade.*—[v] *as soon as.*—[w] *woe.*

[FIN DU QUATRIEME ACTE.]

ACTE CINQUIEME.

SCENE I.

ARGUMENT TO SCENES I. AND II.
Orosmane appears with the slave who is to convey the letter to Zaïre and receive her reply. The slave goes to execute his commission. Ere long Zaïre presents herself. The slave delivers the letter. Zaïre reads.

OROSMANE, CORASMIN, UN ESCLAVE.

Orosmane. On l'a fait avertir,[a] l'ingrate va paraître,
Songe que dans tes mains est le sort de ton maître;
Donne-lui le billet de ce traître chrétien;
Rends-moi compte de tout, examine-la bien;
Porte-moi sa réponse. On approche... c'est elle.
 (*à Corasmin.*)
Viens, d'un malheureux prince ami tendre et fidele,
Viens m'aider à cacher ma rage et mes ennuis.

SCENE II.

ZAIRE, FATIME, L'ESCLAVE.

Zaïre. Eh! qui peut me parler dans l'état où je suis?
A tant d'horreurs, hélas! qui pourra *me soustraire?*[b]
Le sérail est fermé! Dieu! si c'était mon frère!

---

a she has been apprised.—*b* to withdraw me.

Si la main de ce Diéu, pour soutenir ma foi,
Par des chemins cachés le conduisait vers moi!
Quel esclave inconnu se présente à ma vue?

L'esclave. Cette lettre, en secret dans mes mains parvenue,
Pourra vous assurer de ma fidélité.

Zaïre. Donne. (*Elle lit.*)

Fatime. (*à part, pendant que Zaïre lit.*) Dieu tout-puissant! *éclate*[c] en ta bonté;
Fais descendre ta grâce en ce séjour profane;
Arrache[d] ma princesse au barbare Orosmane!

Zaïre. (*à Fatime.*) Je voudrais te parler.

Fatime. (*à l'esclave.*) Allez, retirez-vous;
On vous rappellera, soyez prêt; laissez-nous.

SCENE III.

ARGUMENT.

Zaïre solicits the advice of Fatime in the emergency, which her brother's order has brought about. Fatime reproaches her with her love for the sultan. And Zaïre, after reflecting upon the terrific situation in which she stands, and invoking the blessing of heaven upon the Christians and her brother, adopts the bold determination of obeying the request contained in the letter.

ZAIRE, FATIME.

Zaïre. Lis ce billet: hélas! dis-moi ce qu'il faut faire;
Je voudrais obéir aux ordres de mon frère.

Fatime. Dites plutôt, Madame, aux ordres éternels
D'un Dieu qui vous demande au pied de ses autels.

---

c show thyself.—d rescue.

Ce n'est point Nérestan, c'est Dieu qui vous appelle.

Zaïre. Je le sais, à sa voix je ne suis point rebelle,
J'en ai fait le serment; mais puis-je *m'engager*,[e]
Moi, les chrétiens, mon frère, en un si grand danger?

Fatime. Ce n'est point leur danger dont vous êtes troublée:
Votre amour parle seul à votre âme *ébranlée*.
Je connais votre cœur; il penserait comme eux,
Il hasarderait tout, s'il n'était amoureux.
Ah! connaissez du moins l'erreur qui vous engage.
Vous tremblez d'offenser l'amant qui vous outrage.
Quoi! ne voyez-vous pas toutes ses cruautés,
Et l'âme d'un Tartare à travers ses bontés!
Ce tigre, encor farouche au sein de sa tendresse,
Même en vous adorant menaçait sa maîtresse...
Et votre cœur encor ne s'en peut détacher!
Vous soupirez pour lui!

Zaïre. Qu'ai-je à lui reprocher?
C'est moi qui l'offensais, moi qu'en cette journée
Il a vu souhaiter ce fatal hyménée:
Le trône était tout prêt, le temple était *paré*,[g]
Mon amant m'adorait, et j'ai tout *différé*.[h]
Moi, qui devais ici trembler sous sa puissance,
J'ai de ses sentimens bravé la violence;
J'ai soumis son amour, il fait ce que je veux,
Il m'a sacrifié ses transports amoureux.

Fatime. Ce malheureux amour, dont votre âme est blessée,
Peut-il en ce moment remplir votre pensée?

Zaïre. Ah! Fatime, tout sert à me désespérer.
Je sais que du sérail rien ne peut me tirer;
Je voudrais des chrétiens voir l'heureuse contrée,
Quitter ce lieu funeste à mon âme *égarée*;[i]

---

[e] involve myself.—[f] shaken.—[g] adorned.—[h] delayed.—[i] bewildered.

Et je sens qu'à l'instant, prompte *à me démentir*,ʲ
Je fais des vœux secrets pour n'en jamais sortir.
Quel état! quel tourment! non, mon âme inquiète
Ne sait ce qu'elle doit, ni ce qu'elle souhaite;
Une terreur affreuse est tout ce que je sens.
Dieu! *détourne*ᵏ de moi ces noirs pressentimens;
Prends soin de nos chrétiens, et veille sur mon frère!
Prends soin, du haut des cieux, d'une tête si chère!
Oui, je vais le trouver, je lui vais obéir:
Mais dès que de Solyme il aura pu partir,
Par son absence alors à parler *enhardie*,ˡ
J'apprends à mon amant le secret de ma vie:
Je lui dirai le culte où mon cœur est *lié*,ᵐ
Il lira dans ce cœur, il en aura pitié:
Mais, *dussé-je*ⁿ au supplice être ici condamnée,
Je ne trahirai point le sang dont je suis née.
Va, tu peux amener mon frère dans ces lieux.
Rappelle cet esclave.

SCENE IV.

ARGUMENTS TO SCENES III. AND IV.

Zaïre sends back a message to the slave that Fatime will open the doors of the palace to Nerestan and admit him.

ZAIRE *seule*.

O Dieu de mes aïeux!
Dieu de tous mes parens, de mon malheureux père,
Que ta main me conduise, et que ton œil m'éclaire!

---

j to belie myself.—*k* divert.—*l* emboldened.—*m* bound.—*n* though I should.

SCENE V.

ZAIRE, L'ESCLAVE.

Zaïre. Allez dire au chrétien qui marche sur vos pas
Que mon cœur aujourd'hui ne le trahira pas,
Que Fatime en ces lieux va bientôt l'introduire.
(à part.)
Allons, *rassure-toi,*[o] malheureuse Zaïre!

SCENE VI.

ARGUMENT TO SCENES VI. VII. AND VIII.

Orosman, bewildered by jealousy and despair, abhors even the sympathy of friendship. He sends away Corasmin, he cannot endure the sight of any mortal since Zaïre has betrayed him—and now again he recals him. The noise of advancing steps strikes his listening ear—A burst of wild fury breaks from his lips in a cruel order to seize Nerestan.

OROSMANE, CORASMIN, L'ESCLAVE.

Orosmane. Que ces momens, grand Dieu, sont *lents*[p]
    pour ma fureur!
(à l'esclave.)
Eh bien! que t'a-t-on dit, réponds, parle.
  L'esclave.   Seigneur,
On n'a jamais senti de si vives alarmes;
Elle a pâli, tremblé; ses yeux versaient des larmes;
Elle m'a fait sortir, elle m'a rappelé;
Et d'une voix tremblante et d'un cœur tout troublé,

---

o re-assure thyself (take courage).—p slow.

Près de ces lieux, Seigneur, elle a promis d'attendre
Celui qui cette nuit à ses yeux *doit se rendre.*q
   Orosmane. (*à l'esclave.*) Allez, il me suffit... (*à Corasmin.*) Ote-toi de mes yeux.
Laisse-moi: tout mortel me devient odieux.
Laisse-moi seul, te dis-je, à ma fureur extrême:
Je hais le monde entier, je m'abhorre moi-même.

SCENE VII.

OROSMANE *seul.*

Où suis-je? ô Ciel! où suis-je? où porté-je mes vœux?
Zaïre, Nérestan... couple ingrat, couple affreux!
Traîtres, arrachez-moi *ce jour que je respire,*r
Ce jour souillé par vous!... misérable Zaïre,
Tu ne jouiras pas... Corasmin, revenez.

SCENE VIII.

OROSMANE, CORASMIN.

   Orosmane. Ah! trop cruel ami, quoi, vous m'abandonnez!
Venez: a-t-il paru, ce rival, ce coupable?
   Corasmin. Rien ne paraît encore.
   Orosmane.   O nuit! nuit effroyable!
Peux-tu prêter ton voile *à de pareils forfaits?*s
Zaïre!... l'infidèle!... après tant de bienfaits!

---

q is to repair.—*r* the vital air which I breathe.—*s* to such crimes.

J'aurais d'un œil serein, d'un front inaltérable,
Contemplé de mon rang la chute épouvantable;
J'aurais su, dans l'horreur de la captivité,
Conserver mon courage et ma tranquillité;
Mais me voir à ce point trompé par ce que j'aime!
    Corasmin. Eh! *que prétendez-vous*[t] dans cette horreur
        extrême?
Quel est votre dessein?
    Orosmane.   N'entends-tu pas des cris?
    Corasmin. Seigneur...
    Orosmane.   Un bruit affreux a frappé mes esprits.
On vient.
    Corasmin. Non, jusqu'ici nul mortel ne s'avance;
Le sérail est plongé dans un profond silence;
Tout dort, tout est tranquille; et l'ombre de la nuit...
    Orosmane. Hélas! le crime veille et son horreur me
        suit.
A ce coupable excès porter *la hardiesse!*[u]
Tu ne connaissais pas mon cœur et ma tendresse!
Combien je t'adorais! quels feux! Ah, Corasmin!
Un seul de ses regards aurait fait mon destin;
Je ne puis être heureux ni souffrir que par elle.
Prends pitié de ma rage. Oui, cours... Ah, la cruelle!
    Corasmin. Est-ce vous qui pleurez? vous, Orosmane?
        Ô cieux!
    Orosmane. Voilà les premiers pleurs qui coulent de
        mes yeux.
Tu vois mon sort, tu vois la honte où je me livre;
Mais ces pleurs sont cruels, et la mort va les suivre.
Plains Zaïre, plains-moi; l'heure approche, ces pleurs
Du sang qui va couler sont les *avant-coureurs.*[v]
    Corasmin. Ah, je tremble pour vous!

---

[t] what do you mean to do.—[u] her audacity.—[v] forerunners.

Orosmane.   *Frémis de[w] mes souffrances,*
Frémis de mon amour, frémis de mes vengeances.
Approche, viens; j'entends.... je ne me trompe pas.
   Corasmin. Sous les murs du palais quelqu'un porte
       ses pas.
   Orosmane. Va saisir Nérestan, va, dis-je, qu'on l'enchaîne;
Que tout chargé de fers à mes yeux on l'entraîne.

SCENE IX.

ARGUMENT.

Orosman beholds Nerestan. The fatal moment is arrived—he prepares for deadly vengeance and draws his poniard. But the voice of Zaïre reaches his ear. The dagger almost slips from his hand. He directs his steps towards her—in the darkness of night she believes it is Nerestan. At whose name pronounced by her lips, the maddened sultan plunges the avenging steel into the bosom of the innocent Zaïre.

OROSMANE, ZAIRE ET FATIME,

(*marchant pendant la nuit dans l'enfoncement du théâtre.*)

   Zaïre. Viens, Fatime.
   Orosmane.   Qu'entends-je! est-ce la cette voix
Dont les sons enchanteurs m'ont *séduit*[x] tant de fois?
Cette voix qui trahit un feu si légitime?
Cette voix infidèle, et l'organe du crime?
Perfide!.... vengeons-nous.... Quoi! c'est elle? ô
       destin;   (*Il tire son poignard.*)
Zaïre! ah Dieu!... ce fer échappe de ma main.
   Zaïre, (*à Fatime.*) C'est ici le chemin; viens, soutiens
       mon courage.

---

w shudder at.—*x* deluded.

Fatime. Il va venir.

Orosmane. Ce mot *me rend?* toute ma rage.

Zaïre. Je marche en *frissonnant;*[z] mon cœur est éperdu[a]....
Est-ce vous, Nérestan que j'ai tant attendu?

Orosmane, (courant à Zaïre.) C'est moi que tu trahis; tombe à mes pieds, parjure!

Zaïre, (tombant dans la coulisse.) Je me meurs, ô mon Dieu!

Orosmane. J'ai vengé mon injure.
Otons-nous de ces lieux... Je ne puis... Qu'ai-je fait
Rien que de juste... allons j'ai puni son forfait.
Ah! voici son amant que mon destin m'envoie
Pour remplir ma vengeance et ma cruelle joie.

SCENE X.

ARGUMENT.

The punishment of Orosman is prompt and terrible. Nerestan is dragged forward, he discovers the bleeding corpse of the murdered Zaïre—he ejaculates the endearing name of 'sister'—this cry unfolds at once the appalling truth. Orosman repeats the terrifying name of 'sister,' and all that he hears from the lips of Fatime and Nerestan reveal to him his involuntary crime. Orosman, from this moment assumes a calmness, a deep and deadly tranquillity of aspect and demeanor—but it is a calmness which is but the forerunner of a destroying storm—he gives orders for the safety of Nerestan and the Christians, whom he wishes to depart loaded with presents, and when with his own hand he has executed the deadly justice upon himself, when he has pierced his own body with the same dagger that had shed the blood of Zaïre, his last care extends to the worthy and generous brother of her whom he loved, in the beautiful words—

"Respectez ce héros et conduisez ses pas."

---

[y] gives me back.—[z] trembling.—[a] dismayed.

OROSMANE, ZAIRE, NERESTAN, CORASMIN, FATIME,
ESCLAVES.

Orosmane. Approche, malheureux, qui vient de m'arracher,
De m'ôter pour jamais ce qui me fut si cher;
Méprisable ennemi, qui fais encor paraître
L'audace d'un héros avec l'âme d'un traître:
Tu m'imposais ici pour me déshonorer;
Va, le prix en est prêt, tu peux t'y préparer.
Tes maux vont égaler les maux où tu m'exposes,
Et ton ingratitude, et l'horreur que tu causes.
Avez-vous ordonné son supplice?
 Corasmin.   Oui, Seigneur.
 Orosmane. Il commence déjà dans le *fond*[b] de ton cœur;
Tes yeux cherchent partout, et demandent encore
La perfide qui t'aime, et qui me déshonore.
Regarde, elle est ici.
 Nérestan.   Que dis-tu? Quelle erreur!...
 Orosmane. Regarde-la, te dis-je.
 Nérestan.   Ah! que vois-je! Ah, ma sœur!
Zaïre!... elle n'est plus! Ah, monstre! Ah, jour horrible!
 Orosmane. Sa sœur! Qu'ai-je entendu? Dieu, serait-il possible?
 Nérestan. Barbare, il est trop vrai: viens *épuiser mon flanc*[c]
Du reste infortuné de cet auguste sang.
Lusignan, ce vieillard, fut son malheureux père;
Il venait dans mes bras d'achever sa misère,
Et d'un père expiré j'apportais en ces lieux
La volonté dernière et les derniers adieux;

---

b depth.—*c* drain my side.

Je venais dans un cœur trop faible et trop sensible
Rappeler des chrétiens le culte incorruptible.
Hélas! elle offensait notre Dieu, notre loi,
Et ce Dieu la punit d'avoir brûlé pour toi.

Orosmane. Zaïre!... Elle m'aimait? est-il bien vrai
        Fatime?
Sa sœur?... ¹J'étais aimé?
  Fatime.   Cruel! voilà son crime.
Tigre *altéré de*ᵈ sang, tu viens de massacrer
Celle qui, malgré soi constante à t'adorer,
Se flattait, espérait que le Dieu de ses pères
Recevrait le tribut de ses larmes sincères,
Qu'il verrait en pitié cet amour malheureux,
Que peut-être il voudrait vous réunir tous deux.
Hélas! à cet excès son cœur l'avait trompée;
De cet espoir trop tendre elle était occupée;
Tu *balançais*ᵉ son Dieu dans son cœur alarmé.

Orosmane. Tu m'en as dit assez. O Ciel! j'étais aimé!
Va, je n'ai pas besoin d'en savoir davantage...

Nérestan. Cruel! qu'attends-tu donc pour *assouvir*ᶠ
        ta rage?
*Il ne reste que moi*ᵍ de ce sang glorieux
²Dont ton père et ton bras ont inondé ces lieux;

---

d thirsting after.—*e* balanced, that is, her religion and her love (incompatible with each other) alternately took the ascendant in her soul.—*f* glut.—*g* there remains only myself.

---

1 *J'étais aimé.*—This expression so simple and so affecting—this expression in which so much is contained, and after which there remains no alternative to Orosman but to perish, this expression, the *dénoûment* of five acts, appears, if we consider all that precedes it and all that it has produced, the most tragic that passion and misfortune can pronounce upon the stage.

2 " *Vers dur,*" (remarks La Harpe, from whom much contained in the notes has been borrowed;) " si l'on peut apercevoir des fautes légères et rares dans cette foule de beautés, de sentiment et de si-

Rejoins[h] un malheureux à sa triste famille,
Au héros dont tu viens d'assassiner la fille.
Tes tourmens sont-il prêts? je puis braver tes coups;
Tu m'as fait éprouver le plus cruel de tous.
Mais la soif de mon sang, qui toujours te dévore,
Permet-elle à l'honneur de te parler encore?
En m'arrachant le jour, souviens-toi des chrétiens
Dont tu m'avais juré de briser les liens;
Dans sa férocité ton cœur impitoyable
De ce *trait*[i] généreux serait-il bien capable?
Parle; à ce prix encor je bénis mon trépas.
    Orosmane, (*allant vers le corps de Zaïre.*) Zaïre!
    Corasmin. Hélas! Seigneur, où portez-vous vos pas?
Rentrez,[j] trop de douleur de votre âme *s'empare;*[k]
Souffrez que Nérestan....
    Nérestan.   Qu'ordonnes-tu, barbare?
    Orosmane, (*après une longue pause.*) *Qu'on détache ses fers.*[l] Ecoutez, Corasmin,
Que tous ses compagnons soient délivrés soudain.
Aux malheureux chrétiens prodiguez mes largesses;
Comblés de mes bienfaits, chargés de mes richesses,
Jusqu'au port de Joppé vous conduirez leurs pas.
    Corasmin. Mais, Seigneur....
    Orosmane.   Obéis, et ne réplique pas:
Vole, et ne trahis point la volonté suprême
D'un soudan qui commande, et d'un ami qui t'aime:

---

[h] re-unite.—[i] action (trait).—[j] retire within.—[k] takes hold.—[l] let his bonds be unfastened.

---

tuation et d'expression, etc. Il n'y a dans cette pièce que huit ou dix vers que la critique voulût retrancher il y en a plus de mille que la sensibilité et le goût ont consacrés; c'est le caractère des ouvrages marqués du cachet de l'immortalité.

Va, ne perds point de temps, sors, obéis...
(à Nérestan.) Et toi,
Guerrier infortuné, mais moins encor que moi;
Quitte ces lieux sanglans, *remporte*^m en ta patrie
Cet objet que ma rage a privé de la vie.
Ton roi, tous tes chrétiens, apprenant mes malheurs,
N'en parleront jamais sans répandre des pleurs :
Mais, si la vérité par toi se fait connaître,
En détestant mon crime on me plaindra peut-être.
Porte *aux tiens*ⁿ ce poignard, que mon bras égaré
A plongé dans un sein qui *dut m'être sacré*;^o
Dis-leur que j'ai *donné*^p la mort la plus affreuse
A la plus digne femme, à la plus vertueuse
Dont le Ciel ait formé les innocens appas;
Dis-leur qu'à ses genoux j'avais mis mes états;
Dis-leur que dans son sang cette main s'est plongée;
Dis que je l'adorais, et que je l'ai vengée. (*Il se tue.*)
(*aux siens.*)
Respectez ce héros, et conduisez ses pas;

Nérestan. Guide-moi, Dieu puissant! je ne me connais pas.
Faut-il qu'à t'admirer ta fureur me contraigne,
Et que, dans mon malheur, ce soit moi qui te plaigne.

---

m carry back.—*n* to thy countrymen.—*o* ought to have been sacred to me.—*p* inflicted.

[FIN DE ZAIRE.]